मैं
तिलक
बोल
रहा
हूँ

इस श्रृंखला की पुस्तकें

मैं तिलक बोल रहा हूँ

सं. गिरिराजशरण अग्रवाल

प्र
प्रभात प्रकाशन

प्रकाशक

प्रभात प्रकाशन प्रा. लि.

4/19 आसफ अली रोड, नई दिल्ली–110002

फोन : 011–23289777 • हेल्पलाइन नं. : 7827007777

इ–मेल : prabhatbooks@gmail.com ❖ वेब ठिकाना : www.prabhatbooks.com

संस्करण

2026

पेपरबैक मूल्य

तीन सौ रुपए

मुद्रक

नरुला प्रिंटर्स, दिल्ली

★

MAIN TILAK BOL RAHA HOON

(Thus Spake Lokmanya Tilak)

Ed. Giriraj Sharan Agrawal

Published by **PRABHAT PRAKASHAN PVT. LTD.**

4/19 Asaf Ali Road, New Delhi-110002

ISBN 978-93-5048-079-3

₹ 300.00 (PB)

प्रातःकाल में उदित होने के लिए ही सूर्य सांध्यकाल में अंधकार के गर्त में चला जाता है। अंधकार में जाए बिना प्रकाश प्राप्त नहीं हो सकता। गरम हवा के झोंकों में जाए बिना, कष्ट उठाए बिना, पैरों में छाले पड़े बिना, कोलाहल किए बिना, स्वतंत्रता नहीं मिल सकती।

लोकमान्य बालगंगाधर तिलक

स्वराज्य के उद्घोषक

"यदि तिलक न होते तो भारत अब भी पेट के बल सरक रहा होता, सिर धूल से दबा होता और उसके हाथ में दरखास्त होती। तिलक ने भारत की पीठ को बलिष्ठ बनाया। मुझे विश्वास है कि देश अब सीधा होकर चलने लगेगा और तब देश उस व्यक्ति को आशीर्वाद देगा, जिसने धूल में से उठाकर उसे खड़ा कर दिया।" विश्वयात्री संत निहालसिंह ने ये शब्द उस योद्धा के विषय में कहे थे, जिसने मृत्यु से पूर्व मूर्च्छा की अवस्था में कहा था, 'यदि स्वराज्य न मिला तो भारत समृद्ध नहीं हो सकता। स्वराज्य हमारे अस्तित्व के लिए अनिवार्य है।'

जिस समय भारत के अधिकांश राजनीतिज्ञ आरामकुरसी पर बैठकर अंग्रेजों की न्यायप्रियता के पक्ष में भाषण दे रहे थे, उस समय स्वराज्य और स्वाधीनता की माँग करनेवाले इस यशस्वी वीर को राजद्रोह के अपराध में दंड भोगना पड़ रहा था। तिलक के जीवन का इतिहास अपने पूर्वज और समकालीन उदारवादियों के जीवन-इतिहास से सर्वथा भिन्न है। राजनीति में उन्होंने प्रस्तावों और प्रार्थनाओं को महत्त्व नहीं दिया। उन्होंने विशाल जनसमूह को उसकी कठिनाइयों से अवगत कराया और उन्हें दूर करने के लिए स्वाधीनता का मंत्र दिया। वस्तुतः तिलक अपने देश के और देशवासियों के लिए उबलता हुआ प्रेम लेकर पैदा हुए थे। उन्होंने अपने व्यक्तिगत जीवन के उदाहरण द्वारा यह सिद्ध कर दिया कि साहस और बलिदान से देश में नई चेतना जाग्रत की जा सकती है।

तिलक से पूर्व निर्भयता से अपनी बात को कह पाने का साहस राजनीति में दिखाई नहीं देता। उन्हीं के प्रयास से देश में एक प्रबुद्ध और जागरूक राजनीतिक चेतना का उद्गम हुआ। स्वराज्य की बात कहकर उन्होंने स्वराज्य को बहुत निकट ला दिया था।

तिलक एक संघर्षशील राजनेता थे। उन्होंने उस युग की राजनीति को अपना

जीवन समर्पित किया था, जबकि अंग्रेज इस देश पर निरंकुश होकर शासन कर रहे थे। उन्होंने मृतप्राय जाति को संघर्ष करने की प्रेरणा दी। इस संघर्ष से एक नई जाति का उदय हुआ, एक नए युग का आरंभ हुआ।

लोकमान्य का व्यक्तित्व और संपूर्ण जीवन संघर्ष की एक संगठित कहानी है। इतिहास ने उन्हें प्रेरणा दी और उस प्रेरणा के वशीभूत उन्होंने नए इतिहास की रचना की। स्वराज्य उनके लिए धर्म था, स्वराज्य उनके लिए जीवन था। स्वदेशी आंदोलन के लिए उन्होंने गणपति महोत्सव का उपयोग किया, नागरिकों को विदेशी वस्तुओं के बहिष्कार के लिए तैयार किया। उन्होंने 8 जनवरी, 1907 के केसरी में लिखा था, 'विदेशी वस्तु इस देश में नहीं आनी चाहिए। केवल वही वस्तुएँ, जो यहाँ उत्पन्न की जाती हैं, खरीदी और इस्तेमाल की जानी चाहिए। हमें केवल वही कपड़ा प्रयोग करना चाहिए, जो यहाँ बनाया जाता है, चाहे वह कितना ही मोटा-झोटा क्यों न हो।'

कोरे आदर्शवाद से लोकमान्य का संपर्क नहीं था। उन्होंने व्यावहारिक विषयों पर व्यावहारिक दृष्टिकोण से चिंतन किया। उनका चिंतन उनके कार्यों का आधार बना। गीता में उन्होंने कर्मयोग की दीक्षा दी। कविवर रामधारीसिंह दिनकर ने लिखा है, 'हिंदुत्व के भीतर प्रविष्ट जिस कालकूट को किसी भी तत्त्वचिंतक की दृष्टि नहीं देख सकी थी, उसे तिलक की आँखों ने देख लिया। तिलकजी ने उसे केवल देखा ही नहीं, प्रत्युत अपनी प्रखर बुद्धि से उसे उन्होंने दूर भी कर दिया। इसीलिए, हमारा मत है कि गीता एक बार तो भगवान् श्रीकृष्ण के मुख से कही गई, किंतु, दूसरी बार उसका सच्चा आख्यान लोकमान्य ने किया है। इन दोनों के बीच की अन्य सारी टीकाएँ और व्याख्याएँ गीता के सत्य पर केवल बादल बनकर छाती रही हैं।'

गणपति उत्सव पर तिलक को मूर्तिपूजक, सनातनी और रूढ़िवादी कहा गया। वास्तविकता यह है कि उन्होंने इस आयोजन से जोशीले सांप्रदायिक मुसलमानों को मूक बना दिया। वस्तुतः वह हिंदू-धर्म में अगाध आस्था रखते थे। धर्म उनके लिए प्रेरणास्रोत था। हिंदुओं की बढ़ती हुई शक्ति को क्षीण करने के लिए अंग्रेजों ने मुसलमानों को प्रेरित करना शुरू किया। परिणामतः बंबई और पूना में समय-समय पर सांप्रदायिक दंगे भड़कने लगे। तिलक ने इन परिस्थितियों का गहराई से अध्ययन किया और संगठित हिंसा का प्रतिकार संगठित समाज के माध्यम से करने का आह्वान किया। इसी आधार पर उन्होंने गणपति उत्सव और शिवाजी जयंती के आयोजन किए थे।

लोकमान्य तिलक तत्कालीन शिक्षा-प्रणाली से पूर्णतः असंतुष्ट थे। उनकी मान्यता थी कि 'पढ़ना-लिखना सीख लेना ही शिक्षा नहीं है, शिक्षा वही है जो हमें जीविकोपार्जन के योग्य बनाए, देश का सच्चा नागरिक बनाए व हमें हमारे पूर्वजों के ज्ञान और अनुभव

दे।' तिलक को इस बात में कष्ट अनुभव होता था कि प्रचलित शिक्षा-प्रणाली में शिक्षा का वास्तविक मर्म निहित नहीं है।

तिलक चाहते थे कि हमारी शिक्षा-प्रणाली स्वतंत्र देश के समान हो। उन्होंने राष्ट्रीय एकता के लिए मातृभाषा के माध्यम से शिक्षा दिए जाने पर जोर दिया। उन्होंने अंग्रेजी को गौण स्थान दिया। उन्होंने कहा था, 'आज जो व्यक्ति अच्छी अंग्रेजी बोल लेता है, वही शिक्षित माना जाता है, किंतु किसी भाषा का ज्ञान हो जाना ही सच्ची शिक्षा नहीं है। किसी विदेशी भाषा को सीखने की ऐसी बाध्यता भारत के अतिरिक्त किसी भी देश में नहीं है। मातृभाषा के माध्यम से जो शिक्षा सात-आठ वर्ष में प्राप्त की जा सकती है, उसे अब बीस-पच्चीस वर्ष लग जाते हैं।' इस प्रकार तिलक पहले राष्ट्रीय नेता थे, जिन्होंने राष्ट्रभाषा के महत्त्व को समझा और देवनागरी लिपि में लिखी हिंदी को राष्ट्रभाषा बनाने का सुझाव दिया।

तिलक एक पूरे युग को नई आभा से मंडित कर गए। उन्होंने भारत के स्वतंत्रता-आंदोलन को केवल प्रेरणा ही नहीं दी, वरन् संघर्ष करने की एक निश्चित योजना भी दी।

तिलक का जीवन एक खुली हुई पुस्तक के समान था, जिसे देश का हर व्यक्ति पढ़ सकता था। जीवन के अंतिम क्षणों तक उन्होंने देश के कार्यों में सक्रिय रूप से रुचि ली। उनके व्यक्तित्व में ऐसा चुंबकीय आकर्षण था कि बड़े-से-बड़ा विरोधी भी उनके समक्ष आकर नतमस्तक हो जाता था।

ऐसे अमर साधक, कर्मयोगी, राष्ट्ररक्षक और सत्य के प्रतिपालक लोकमान्य बालगंगाधर तिलक की विचारधारा से अपने देश की युवा पीढ़ी को परिचित कराने और प्रेरित करने का मंगलकारी संकल्प लेकर तैयार किया गया प्रस्तुत संकलन युवापीढ़ी को समर्पित है।

—गिरिराजशरण अग्रवाल

साहित्य विहार,
बिजनौर (उ.प्र.)

लोकमान्य बालगंगाधर तिलक

तिलक के प्रति अपनी श्रद्धांजलि अर्पित करते हुए राष्ट्रपिता महात्मा गांधी ने कहा था, 'वे निर्विवाद रूप से जनता के हृदय-सम्राट थे। हजारों व्यक्तियों के लिए उनके शब्द ही कानून थे—वे जनता के हृदय पर इसलिए शासन करते थे कि वे एक महान् देशभक्त थे। ऐसा महान् देशभक्त, जिसका धर्म अपने देश को प्यार करना ही था, जो इसके अलावा और किसी धर्म को जानता ही नहीं। वस्तुतः वह जन्मजात लोकतंत्रवादी थे।—वह फौलादी इच्छाशक्ति से संपन्न थे और उसका प्रयोग उन्होंने अपने देश के लाभ के लिए किया भी। वह सादगी-पसंद इनसान थे। उनका व्यक्तिगत जीवन बिलकुल निष्कलंक था। उन्होंने अपनी अपूर्व प्रतिभा का उपयोग अपने देश के लिए किया। लोकमान्य ने अपनी तर्क-पटुता और दृढ़ता से स्वराज्य के सिद्धांत का प्रतिपादन जिस तरह किया, वैसा किसी ने नहीं किया।'

बालगंगाधर तिलक का जन्म भारत के पश्चिमी समुद्री तट पर स्थित रत्नागिरि नामक स्थान में 23 जुलाई, 1856 को हुआ था। पिछले 300 वर्षों में अनेक देशरत्नों को जन्म देकर रत्नागिरि ने अपने नाम को सार्थक कर दिया है और उन सब देशरत्नों में सबसे महान् और सबसे मूल्यवान रत्न तिलक थे। तिलक के जन्म का नाम केशवराम था और बचपन का नाम बलवंत राव। इसी नाम को प्यार से बाल कहने लगे और बचपन का यह नाम उनके जीवन की धरोहर बन गया।

तिलक के पिता का नाम रामचंद्र था और वे एक स्कूल में अध्यापक थे। वे बाद में प्राइमरी स्कूलों के निरीक्षक हुए। उन्हीं से बालगंगाधर को अंकगणित और संस्कृत के प्रति रुचि उत्पन्न हुई। उनकी माता धार्मिक प्रवृत्तिवाली महिला थीं। एक सनातनी परिवार में जन्म लेने के कारण तिलक का बचपन प्राचीन परंपराओं के पालन,

कर्मकांड की अनुरक्ति और विद्याध्ययन में बीता। जब वह 10 वर्ष के थे, तब उनके पिता की बदली पुणे के लिए हो गई। यह भी सौभाग्य की बात थी, क्योंकि वहाँ उन्हें उत्तम अध्यापकों की देखरेख में अध्ययन करने का अवसर प्राप्त हुआ। सोलह वर्ष की अवस्था में उन्होंने मैट्रिक परीक्षा पास की और डेक्कन कॉलेज में भरती हो गए। यहाँ पर उनके पाँच वर्ष बहुत निश्‍चिंतता और सुख में बीते। प्राय: उनके जीवन का सबसे सुखी समय यही था।

स्कूल की बँधी-बँधाई अध्ययन-प्रणाली को न मानकर तिलक अपनी रुचि के अनुसार ही विषयों को चुनकर उनका अध्ययन करते थे। वास्तव में कॉलेज-जीवन का प्रथम वर्ष तो उन्होंने स्वास्थ्य-वर्धन में लगा दिया और इसी कारण वह वार्षिक परीक्षा में असफल भी रहे।

तिलक ने बी.ए. की परीक्षा सन् 1877 में उत्तीर्ण की। गणित में उन्हें प्रथम श्रेणी के अंक प्राप्त हुए थे। दो वर्ष के बाद वे कानून के भी स्नातक हो गए। किंतु एम.ए. की परीक्षा में वह दो बार के प्रयास के बाद भी उत्तीर्ण न हो सके। कॉलेज छोड़ने के पूर्व ही, उन्होंने अपने भावी जीवन की दिशा निर्धारित कर ली थी। श्री एन.जी. जोग ने अपनी भावनाओं को व्यक्त करते हुए लिखा है, '1879 के दिनों में प्रथम श्रेणी के साथ उपाधि प्राप्त किसी युवक द्वारा सार्वजनिक सेवा के निमित्त आत्म-त्याग करने का प्रण किया जाना एक आश्‍चर्यजनक घटना थी, क्योंकि तब निश्‍चय ही बहुत से बड़े-बूढ़ों ने तिलक के इस निर्णय को भारी भूल मानकर उन्हें मना ही किया होगा और अच्छी-खासी आयवाली नौकरियों को पाने में एक क्षण के लिए भी न चूकनेवाले तथा स्नातक बन चुके उनके सहपाठियों को भी उनके ऐसे अव्यावहारिक दृष्टिकोण के लिए उन पर दया ही आई होगी।'

कानून की उपाधि प्राप्त कर लेने के बाद तिलक ने एक दिन के लिए भी किसी न्यायालय में वकालत नहीं की। कानून के सिद्धांतों और केस लॉ का उन्हें इतना अधिकारपूर्ण ज्ञान था कि वे किसी भी योग्य वकील की तरह नि:शुल्क सलाह दिया करते थे और लोगों के प्रार्थना-पत्र लिख दिया करते थे। यदि वे अपने कार्य के लिए फीस लेते तो सुगमतापूर्वक धन बटोर लेते। तिलक साधारण त्याग की मूर्ति नहीं थे। उन्होंने सरस्वती की उपासना की थी, इसलिए उन्होंने लक्ष्मी की सेवा में अपने जीवन को नहीं लगाया।

उन्होंने कई वर्षों तक कानून की कक्षा भी चलाई, जिसमें वे सभी विषय पढ़ाते

थे। एक बार वे इक्विटी (Equity) पर भाषण दे रहे थे। तब श्री रानाडे उन्हें बिना बताए उनकी कक्षा में चले आए और एक कोने में बैठ गए। तिलक के विस्तृत ज्ञान से वे चकित रह गए और उन्होंने इसके लिए उनकी प्रशंसा की।

तिलक के सार्वजनिक जीवन का श्रीगणेश सन् 1880 में हुआ। श्री विष्णु शास्त्री चिपलूणकर के साथ मिलकर उन्होंने 1 जनवरी, सन् 1880 को 'न्यू इंगलिश स्कूल' के नाम से एक विद्यालय आरंभ किया। सन् 1881 में आगरकर भी इस स्कूल में सहयोगी बने। त्याग और नि:स्वार्थ सेवा के आधार पर यह संस्था प्रगति-पथ पर निरंतर अग्रसर होती रही। प्रारंभ में इस संस्था में केवल उन्नीस छात्र थे, किंतु चार वर्षों के अंदर ही इसके छात्रों की संख्या एक हजार से ऊपर हो गई और यह विद्यालय सरकारी पुणे स्कूल की बराबरी करने लगा। सन् 1882 में शिक्षा आयोग के अध्यक्ष डॉ. डब्ल्यू. डब्ल्यू. हंटर ने इस विद्यालय को अतुलनीय संस्था के रूप में स्वीकार किया और लिखा, 'स्वावलंबन और आत्मनिर्भरता की भावना से प्रेरित कुछ सुयोग्य और उत्साही युवकों के कृतिस्वरूप विद्यमान यह स्कूल, सरकार से कोई भी सहायता न मिलने पर भी, न केवल इस देश के किसी भी सरकारी हाईस्कूल का ही, वरन् अन्य देशों के स्कूलों का भी मुकाबला कर सकता है और प्रतियोगिता में सफल सिद्ध हो सकता है।'

स्कूल का अभी बचपन ही था कि तिलक और उनके साथियों के मन में मराठी और अंग्रेजी भाषा में साप्ताहिक पत्र निकालने का संकल्प उठा। परिणामस्वरूप 2 जनवरी, सन् 1881 को 'मराठा' तथा 4 जनवरी, सन् 1881 को 'केसरी' नामक पत्रों का प्रकाशन आरंभ हुआ। प्रकाशित होते ही दोनों पत्रिकाएँ जनमानस पर अपना प्रभाव अंकित करने लगीं। दो वर्षों के भीतर 'केसरी' भारतीय भाषा का सबसे अधिक पढ़ा जानेवाला पत्र बन गया और 'मराठा' पश्चिमी भारत के शिक्षित जनसमुदाय के मुखपत्र के रूप में प्रसिद्ध हो गया। प्रो. पी.एम. लिमये के शब्दों में, 'ये दोनों किसी भी जमी-जमाई बुराई या अन्याय पर चोट करने को सदा तैयार रहते थे, चाहे उनकी नावें कितनी भी गहरी क्यों न होती थीं। यह आगरकर और तिलक के लिए प्रथम अग्नि-परीक्षा की घड़ी थी, फिर भी अपने उद्देश्य की पूर्ति के लिए इन युवकों ने सतर्कता की अपेक्षा उत्साह से अधिक काम लिया और इसी कारण उन्हें बड़े-बड़े कष्ट भी झेलने पड़े।'

तिलक और आगरकर दोनों पत्रों को निर्भीकतापूर्वक चला रहे थे। दोनों स्पष्टवादी स्वभाव के थे। अपने इस स्वभाव के कारण जब उन्होंने कोल्हापुर के दीवान रायबहादुर बर्वे की उत्तराधिकार के संदर्भ में आलोचना की तो दीवान ने उन पर मानहानि का मुकदमा दायर कर दिया। क्षमायाचना के बाद भी दोनों साहसी पत्रकारों को चार मास का कारावास दंड भोगना पड़ा।

कोल्हापुर कांड के कारण तिलक और आगरकर की ख्याति बहुत अधिक बढ़ गई, किंतु तिलक केवल शिक्षा के क्षेत्र में काम करके ही संतुष्ट नहीं थे। उन्हें लगता था कि कुछ ऐसा करना चाहिए ताकि सारा राष्ट्र जाग उठे। इसी समय महाराष्ट्र में अकाल पड़ा। तिलक ने अपने पत्र में जनता की शिकायतों को उजागर किया। असंतोष के बीज बोने के लिए वह अच्छा अवसर था, अतः तिलक ने कृषकों की ओर से आंदोलन शुरू किया, लेख लिखे, अर्जियाँ भेजीं। उन्होंने अपने युवा सहयोगियों को सारे महाराष्ट्र में गाँव-गाँव में प्रचार के लिए भेजा। उन्होंने लोगों से कहना शुरू किया कि लोग सरकारी अधिकारियों के साथ निडरता का बर्ताव करें। इस आंदोलन से कृषक-समाज तिलक के पीछे खड़ा हो गया।

बहुत से युवक उनके अनुयायी बने। तिलक और उनके पत्र 'केसरी' ने सरकार को भी प्रभावित किया। लगभग इसी समय महाराष्ट्र में प्लेग की बीमारी फैली। सरकारी अस्पताल या रोगियों के शिविरों में अस्तव्यस्तता थी, कुप्रबंध था। इस पर तिलक ने कड़ी आलोचना की। गाँव-के-गाँव प्लेग के कारण उजड़ गए। किंतु तिलक गाँवों में ही डटे रहे। स्वयं घूम-घूमकर वह रोगियों की हालत देखा करते। इस प्लेग ने उनके पुत्र की बलि ली। किंतु तिलक का हृदय अडिग रहा। उस दिन भी उन्होंने शांत चित्त से 'केसरी' का अग्रलेख लिखा।

पूना में प्लेग की देखभाल के लिए रैंड नामक एक सरकारी अधिकारी नियुक्त किया गया था। वह स्वेच्छाचारी और तानाशाही प्रवृत्ति का अधिकारी था। लोग उसकी उन्मत्तता और अत्याचारों से अत्यधिक क्षुब्ध थे। भीतर-ही-भीतर ज्वालामुखी सुलग रहा था। आखिर विस्फोट हो ही गया और 22 जून, सन् 1897 को रैंड की हत्या कर दी गई। सरकार अपना संतुलन खो बैठी। पूना में सामूहिक दंड लगाने के लिए पुलिस बैठा दी गई। इन घटनाओं से तिलक बहुत दुःखी हुए। उन्होंने लिखा कि 'समझदार व्यक्तियों के सारे अच्छे कामों और सारी जनता के धैर्य और समझदारी को एक पागल हत्यारे के कार्य के कारण भुला देना मूर्खता है। इस भयानक कार्य की हम सभी निंदा

करते हैं।' सरकार ने धमकियाँ देना बंद नहीं किया और जनता को सामूहिक रूप से दंडित किया जाता रहा। तिलक ने आरोपों और धमकियों का बड़ा तीखा जवाब 'केसरी' में छपे दो लेखों के माध्यम से दिया। उनके शीर्षक थे—'क्या सरकार बुद्धि खो बैठी है ?' और 'शासन करने का मतलब बदला लेना नहीं है।' जब उनके मित्रों ने संदेह और आतंक के तत्कालीन वातावरण में उनकी स्पष्टवादिता पर चिंता व्यक्त की तो उन्होंने कहा, 'मैं कड़ी भाषा का प्रयोग अवश्य करता हूँ, लेकिन मेरा हृदय सरकारी अफसरों द्वारा किए जा रहे अन्याय से क्षुब्ध है। मेरे शब्द मेरी अंतरात्मा की पुकार हैं। फिर भी मैं जानता हूँ कि मेरी भाषा चाहे कितनी भी कड़ी क्यों न हो, मैं सरकार की आलोचना करने में कानून की सीमा का उल्लंघन नहीं कर रहा हूँ।'

किंतु इन लेखों और पूर्व में प्रकाशित कुछ अन्य लेखों के आधार पर 27 जुलाई, सन् 1897 को तिलक को बंबई में गिरफ्तार कर लिया गया। उन पर राजद्रोह का मुकदमा चलाया गया। तिलक को पहले जमानत पर नहीं छोड़ा गया। 'केसरी' और 'मराठा' की बहुत-सी सामग्री पुलिस द्वारा अपने अधिकार में कर ली गई। जस्टिस पार्संस और महादेव गोविंद रानाडे ने जमानत के प्रार्थना-पत्र को रद्द कर दिया। 4 अगस्त को जस्टिस तैयबजी ने उन्हें जमानत पर छोड़ दिया। रानाडे चाहते थे कि तिलक सरकार से फैसला कर लें, किंतु उन्होंने ऐसा करना स्वीकार नहीं किया। पाँच अंग्रेज, एक यहूदी, एक पारसी और दो महाराष्ट्रीय सज्जन जूरी के अंग थे। तिलक ने अपने बचाव में तर्कों का सहारा लिया। जूरी के 6 सदस्यों ने तिलक को अपराधी और 3 सदस्यों ने उन्हें निरपराध माना। न्यायाधीश ने 18 मास का कठोर कारावास दंड उन्हें दिया। 'अभियोग की गतिविधि और जज का रुख देखकर लोगों ने पहले ही अनुमान लगा लिया था कि सजा अवश्य होगी। इस कारण निर्णय सुनाए जानेवाले दिन हाईकोर्ट के बाहर बहुत अधिक भीड़ एकत्रित हो गई थी। परंतु अधिकारियों ने निर्णय की घोषणा होते ही लोकमान्य को पिछले दरवाजे से चुपचाप निकालकर अपनी समझ में जनता को भारी चकमा दे दिया। फिर भी अधिकारियों को यह तो मालूम हो ही गया कि अभियोग और दंड ने तिलक की लोकप्रियता और प्रभाव को बढ़ाया ही है, घटाया नहीं।' हाईकोर्ट की फुल बैंच तथा प्रिवी कौंसिल (इंग्लैंड) में न्याय के लिए अपील की गई, किंतु सफलता नहीं मिली, क्योंकि अंग्रेज का न्याय, न्याय नहीं, अवसरवादिता था।

अनेक साधारण अपराधियों की भाँति तिलक को कारावास के कठोर-से-कठोर बंधनों और कष्टों को सहन करना पड़ा। उन्हें चटाई बनाने के लिए नारियल के छिलके साफ करने का काम दिया गया, किंतु उन्होंने इस प्रकार के सारे कष्ट प्रसन्नतापूर्वक सहन किए। फिर भी जेल का रूखा भोजन करने में उन्हें कठिनाई होती थी। परिणामत: चार महीनों में ही उनका वजन 135 पौंड से घटकर 105 पौंड हो गया। इस बीच तिलक को रिहा करने के लिए ब्रिटेन और भारत में आंदोलन प्रारंभ हो गया। प्रोफेसर मैक्समूलर भी तिलक की रिहाई चाहते थे। ब्रिटेन की महारानी को एक स्मरण-पत्र भेजा गया। स्मरण-पत्र भेजनेवालों में सर विलियम हंटर, सर रिचर्ड गार्थ, दादाभाई नौरोजी, र.च. दत्त और प्रोफेसर मैक्समूलर भी थे। सरकार आंदोलन रोकने में असमर्थ थी, किंतु वह तिलक को बिना किसी शर्त के छोड़ना नहीं चाहती थी। सरकार ने दो शर्तों पर उन्हें रिहा करने की इच्छा व्यक्त की—एक, रिहाई के बाद वह अपने स्वागत समारोह में भाग न लें। दो, वह अपने किसी कार्य, भाषण अथवा लेखन के रूप में ऐसा कुछ न करें, जिससे लोगों के मन में सरकार-विरोधी भावनाएँ उत्पन्न हों। पहली शर्त को तिलक ने सहर्ष स्वीकार कर लिया, किंतु दूसरी शर्त उन्होंने स्वीकार नहीं की। इसका अर्थ था राजनीतिक जीवन का अंत।

लंबी समझौता-वार्त्ता के बाद तिलक ने दूसरी शर्त के स्थान पर यह प्रस्ताव किया कि यदि फिर कभी वह राजद्रोह के अपराध में सजा पाएँ तो छह महीनों की व्यतीत न हुई कैद की यह अवधि उनकी उस सजा में जोड़ दी जाए। अपमानजनक शर्त को न मानने में उन्होंने जो दृढ़ता दिखलाई, वह उनकी विशिष्टता का द्योतक थी।

तिलक के इस प्रस्ताव से उनके सार्वजनिक अथवा व्यक्तिगत जीवन को किसी प्रकार की क्षति नहीं पहुँचती थी। बंबई सरकार ने उसे स्वीकार भी कर लिया। 6 दिसंबर, सन् 1898 को उन्हें कारावास से मुक्त कर दिया गया। समय से पहले ही उनके रिहा होने का समाचार सुनकर जनता का मन हर्ष से नाच उठा और उनके घर लौटने के एक घंटे के भीतर ही सैकड़ों व्यक्ति वहाँ एकत्र हो गए। देश के कोने-कोने से बधाई के पत्र आने लगे। श्री र.च. दत्त ने इंग्लैंड से उन्हें लिखा, 'आपने जो कष्ट झेले हैं, उन्हें याद करने से मेरे हृदय में जो भावनाएँ उठती हैं, उन्हें मैं व्यक्त नहीं कर सकता। आपने अपने अंदर जिस साहस और कष्ट-सहन की शक्ति का परिचय दिया है, वह स्तुत्य है। मुझे इसमें तनिक भी संदेह नहीं कि आपने जो उदाहरण प्रस्तुत

किया है, उसका प्रभाव चिरस्थायी रहेगा। आपके प्रयत्न कभी भी विफल नहीं होंगे। उनके सुपरिणाम निकलेंगे ही। आपके कष्ट के प्रताप से यह राष्ट्र विजयी होगा।'

सक्रिय राजनीति में पुनः लौटने की सूचना तिलक ने 4 जून, सन् 1899 को 'केसरी' में प्रकाशित 'पुनश्चः हरिओम' शीर्षक अग्रलेख के माध्यम से दी। इस बीच वे कांग्रेस के लखनऊ और सातारा अधिवेशनों में सम्मिलित हुए। उन्हें गरम दल का सदस्य समझा जाता था। इन अधिवेशनों में उनके द्वारा प्रस्तुत प्रस्ताव स्वीकृत न हो सके, क्योंकि नरम दलवाले सरकार का कोपभाजन बनने से डरते थे। तिलक ने इस कायरता की कटु आलोचना करते हुए 'केसरी' में लिखा, 'इस प्रकार के सम्मेलन और अधिवेशन चापलूसों और ऐसे डरपोक लोगों के लिए नहीं हैं, जो गवर्नर के सामने केवल आवेदन और अध्यावेदन-भर पेश करते हैं। दरअसल ऐसे सम्मेलन और अधिवेशन उनके लिए हैं, जो बिना किसी हिचक के जोरदार और निर्भीक, किंतु संयत स्वर में जनता की आवाज बुलंद करते हैं।'

कांग्रेस के दिल्ली अधिवेशन और कलकत्ता अधिवेशन में तिलक का शानदार स्वागत किया गया। कलकत्ता अधिवेशन में गांधीजी भी उपस्थित थे। तिलक को भी उसी ब्लॉक में ठहराया गया था, जिसमें गांधीजी ठहरे थे।

फरवरी 1902 में 'केसरी' का आकार दुगुना कर दिया गया। इस बीच 'केसरी' के ग्राहकों की संख्या 700 से बढ़कर 13000 पहुँच गई थी। सरकार के डर से जो इसके खुलेआम ग्राहक नहीं थे, यदि उनकी संख्या को सम्मिलित किया जाए तो इसके पाठकों की संख्या वास्तव में कई गुनी थी।

यदि 1897 में पुणे में हुई हत्याएँ तिलक की पहली सजा का कारण थीं तो 30 अप्रैल, 1902 को हुआ बंगाल का बम-कांड भी दो महीने बाद उनकी गिरफ्तारी का कारण बना। उस दिन मुजफ्फरपुर में खुदीराम बोस और प्रफुल्लचंद्र चाकी ने जिला जज किंग्सफोर्ड को मारने के उद्देश्य से बम फेंका। किंग्सफोर्ड राजनीतिक अपराधियों को भीषण दंड देने के कारण जनता में अत्यंत अप्रिय हो गया था। उस बम से दो यूरोपीय महिलाओं की मृत्यु हुई। इस घटना से भय और आतंक का वातावरण पैदा हो गया। सरकार ने आतंकवाद का उत्तर आतंक से देने का प्रयास किया।

सरकार ने राष्ट्रवादी पत्रों के संपादकों को कोई-न-कोई अभियोग लगाकर कड़े-से-कड़े दंड दिए। 'केसरी' में प्रकाशित 'देश का दुर्भाग्य' शीर्षक लेख के कारण

ही तिलक को 24 जून, 1908 को गिरफ्तार कर लिया गया। कुछ दिनों बाद 'ये उपाय स्थायी नहीं' शीर्षक एक और लेख के आधार पर उन पर एक और अभियोग लगाया गया, ताकि उन्हें दंड मिलना निश्चित हो जाए।

श्री एन.जी. जोग ने लिखा है, 'उनका अपराध यह नहीं था कि वह 'केसरी' में क्या लिखते हैं, बल्कि उनका अपराध तो यह था कि वह इस राजनीतिक विचार के थे कि अंग्रेज भारत से निकाल बाहर किए जाएँ। अत: उनका अपराध भारतीय दंड संहिता में नहीं, बल्कि उनकी खौलती हुई देशभक्ति में था। इसीलिए सरकार उन्हें किसी भी तरीके से अपने रास्ते से हटाने को कटिबद्ध थी।'

उन्हें सजा मिलेगी, यह हर दशा में निश्चित था। तिलक का मुकदमा भारत के कानूनी इतिहास में, और उससे भी अधिक हमारे स्वतंत्रता-संग्राम के इतिहास में, चिर-स्मरणीय रहेगा। उन्होंने जूरी के सामने 21 घंटों तक जो वक्तव्य दिया, वह उनके अपूर्व कानूनी ज्ञान और तर्कपटुता का परिचायक था। साथ ही उनका वह वक्तव्य देश के स्वतंत्रता-संग्राम का घोषणा-पत्र भी था।

न्यायाधीश डावर ने 22 जुलाई, सन् 1908 को सायं 7 बजे जूरी को मामले का सारांश समझाना शुरू किया, जो बहुत ही संक्षिप्त था, किंतु तोड़ा-मरोड़ा हुआ था। यह घोषणा पहले की कर दी गई थी कि मुकदमा उसी दिन समाप्त हो जाएगा। इस घोषणा से यह स्पष्ट था कि सारा नाटक दु:खपूर्ण ही होगा। फैसले पर पहुँचने के उद्देश्य से सोच-विचार करने के लिए जूरीगण 8 बजे उठ गए। सर्वत्र मौन छाया हुआ था, ऐसे वातावरण में भी तिलक अविचल भाव से खड़े हुए थे। एक घंटे बाद जूरीगण लौटे और निर्णय दिया कि तिलक तीन अभियोगों के अपराधी हैं। न्यायाधीश ने तिलक से पूछा कि दंड सुनाने से पहले वह कुछ कहना चाहते हैं। इस पर तिलक ने जो उत्तर दिया वह हमारे इतिहास का महत्त्वपूर्ण हिस्सा बन गया है—

'मुझे केवल यह कहना है कि जूरी के निर्णय के बाद भी मैं निश्चयपूर्वक कह सकता हूँ कि मैं निरपराध हूँ। और भी महान् शक्तियाँ हैं, जो सबका भाग्य निर्धारित करती हैं। शायद विधाता की इच्छा यही है कि जिस काम को मैं करना चाहता हूँ, उसमें मेरे स्वतंत्र रहने की अपेक्षा कष्ट सहने से ही सहायता मिले।'

तिलक को छह वर्ष की कालेपानी की सजा दी गई। इस सजा से सारे देश में खलबली मच गई। बंबई में मिलें बंद हो गईं, दुकानें बंद हो गईं। लोगों की यह

पहली स्वयं-स्फूर्त हड़ताल थी।

पुलिस के कड़े पहरे में तिलक को 23 सितंबर, सन् 1908 की सुबह मांडले सेंट्रल जेल की कोठरी में लाया गया। पिंजड़े की भाँति लकड़ी की बनी यह कोठरी बीस फीट लंबी और 12 फीट चौड़ी थी, जिसकी ऊपर की मंजिल में तिलक रहते थे और नीचे रसोई और स्नानघर थे। गर्मियों में, जो वहाँ का सबसे लंबा मौसम है, यह कमरा कड़ी धूप में तपकर भट्टी की तरह गरम हो जाता था और लकड़ी के पटरे सूर्य के ताप से रक्षा करने में असमर्थ थे। जाड़ा तो और भी भयंकर पड़ता था, जब रक्षा की दृष्टि से लकड़ी की वह कोठरी तेज ठंडी हवा के सामने बेकार सिद्ध होती थी।

इस कारावास में उन्हें लिखने-पढ़ने की आज्ञा मिल गई थी। खान-पान और निद्रा के लिए जरूरी समय छोड़ बाकी सारा दिन तिलक लिखने-पढ़ने में ही व्यतीत करते थे। बचपन से ही उन्होंने भगवद्गीता का अध्ययन किया था और उससे बड़े प्रभावित थे। साधारण लोगों को भी यह ग्रंथ सुलभ हो और वे इसका अर्थ समझें, इसी उद्देश्य से उन्होंने जेल में ही 'गीता-रहस्य' नामक ग्रंथ की रचना मराठी में की। इसके अलावा दूसरी अनेक भाषाओं का भी उन्होंने अभ्यास किया, अनेक ग्रंथ पढ़े। वह जेल में थे, तभी उनकी पत्नी का निधन हो गया। पत्नी की मृत्यु से तिलक जैसे कर्मयोगी का हृदय भी हिल उठा।

6 वर्षों की अवधि के बाद 16 जून, 1914 की अर्ध-रात्रि के समय तिलक को दो पुलिस अधिकारियों के साथ पुणे में उनके घर पहुँचाया गया और वहाँ वह मुक्त कर दिए गए। जेल से बाहर आने पर भी बहुत समय तक उन पर सरकारी बंधन लगे रहे। उनके घर के सामने पुलिस का दस्ता बैठा दिया गया, जो उनके यहाँ आने-जानेवालों के नाम लिख लेता था। बाद में उन लोगों का नाम काली-सूची में दर्ज कर लिया जाता था और उन्हें तरह-तरह से परेशान किया जाता था। सरकारी अधिकारियों को सूचना दे दी गई थी कि जब तक तिलक अपना राजकीय दृष्टिकोण नहीं बदलते, तब तक उन्हें ब्रिटिश साम्राज्य का शत्रु समझा जाए।

सहसा यूरोप में महायुद्ध शुरू हुआ। तिलक ने अपना दृष्टिकोण बदला। सरकार भी उनसे सहायता की आशा करने लगी। उन पर लगाए गए सारे बंधन उठा लिए गए। अपने साथियों को इकट्ठा करके तिलक ने स्वराज्य संघ की स्थापना की और अवसर का लाभ उठाकर फिर से स्वराज्य का प्रचार शुरू किया। उन्होंने गर्जना की

कि सबमें एकता होनी चाहिए, स्वराज्य की माँग पूरी होने तक आंदोलन जारी रखना चाहिए। इसी तूफानी प्रचार में तिलक ने घोषणा की—'स्वराज्य मेरा जन्मसिद्ध अधिकार है और मैं उसे लेकर रहूँगा।'

इस घोषणा के बाद सरकार ने फिर से उन्हें अपने पाश में जकड़ने के प्रयास आरंभ कर दिए। तिलक का 61 वाँ जन्मदिन पुणे में बड़ी धूमधाम और उत्साह से मनाया गया। उस समारोह में पुलिस आई और राजद्रोह के तीसरे मुकदमे का नोटिस तिलक को मिला। मित्रों के हृदय को धक्का सा लगा। किंतु तिलक शांत थे। उन्होंने पुलिस अधिकारियों से कहा, 'आज के दिन सरकार की ओर से कुछ उपहार चाहिए ही था। आप आए, ठीक ही हुआ।' मित्रों से कहा, 'मेरे जेल जाने से आप इतने घबराते क्यों हैं? कारागृह का अर्थ है, मेरा विश्राम-स्थान।'

सौभाग्य से इस मुकदमे का फैसला तिलक के पक्ष में हुआ। न्यायाधीशों ने निर्णय दिया कि तिलक के स्वराज्य-विषयक विचार आक्षेपपूर्ण नहीं हैं। इस प्रकार एक ऐसा शब्द, जिसका उच्चारण भी असंभव था, एक आंदोलन के रूप में सारे देश में व्याप्त हो गया। कांग्रेस के उद्देश्य में भी 'स्वराज्य' शब्द सम्मिलित हुआ।

स्वराज्य का प्रचार करने के लिए तिलक ने ब्रिटेन की यात्रा भी की। विश्वयुद्ध समाप्त हो गया था। तिलक का विचार था कि अब स्वराज्य के लिए जोरदार माँग होनी चाहिए। उन्होंने इंग्लैंड के विरोधी दलों से मित्रता की और उन्हें स्वराज्य की माँग का महत्त्व समझाया। इस यात्रा द्वारा तिलक के संबंध में अंग्रेजों की गलतफहमियाँ भी दूर हुईं।

इंग्लैंड से वापस आने पर स्वराज्य के वकील के रूप में तिलक का शानदार स्वागत हुआ। वह कांग्रेस के अमृतसर अधिवेशन में सम्मिलित हुए। 27 दिसंबर, सन् 1919 को अपार जनसमूह ने उनका स्वागत किया। वे दिनोंदिन थकने लगे थे, फिर भी स्वास्थ्य की चिंता न करते हुए उन्होंने चुनाव लड़ने का निश्चय किया। सन् 1920 के अप्रैल माह में वह सिंध के दौरे पर गए।

उनका स्वास्थ्य दिन-प्रतिदिन गिरता जा रहा था। जुलाई के प्रारंभ में वह मलेरिया से पीड़ित हो गए। अभी इस रोग से वे मुक्त ही हुए थे कि उन्हें एक मुकदमे के सिलसिले में बंबई जाना पड़ा। 21 जुलाई को घूमने के लिए जाते समय उन्हें ठंड लग गई और ज्वर हो आया। अपना चौंसठवाँ जन्मदिन उन्होंने शय्या पर लेटे-लेटे ही मनाया। 26 जुलाई को उनके ज्वर ने गंभीर रूप धारण कर लिया। 29 जुलाई को वह

हृत्शूल एंजिना पेक्टोरिस के दौरे से पीड़ित हो गए। उन्हें बचाने के सारे प्रयत्न असफल सिद्ध हुए और रविवार 1 अगस्त, सन् 1920 को रात्रि के 12 बजकर 40 मिनट पर वे इस संसार से कूच कर गए।

तिलक आज हमारे बीच में नहीं हैं, किंतु उन्होंने अपने व्यक्तिगत जीवन के उदाहरण से यह सिद्ध कर दिया कि साहस और आत्म-बलिदान से देश में नई चेतना का उदय हो सकता है। तिलक से पूर्व निर्भयतापूर्वक अपनी बात कह पाने का साहस राजनीति में कठिनाई से ही देखने को मिलेगा। उन्हीं के प्रयत्नों का परिणाम था कि देश में एक प्रबुद्ध और जागरूक राजनीतिक चेतना का उद्भव हुआ। स्वराज्य की बात कहकर उन्होंने स्वराज्य को हमारे बहुत पास तक ला दिया था।

विषय-क्रम

स्वराज्य के उद्घोषक 7
लोकमान्य बालगंगाधर तिलक 11

मैं तिलक बोल रहा हूँ **29**
अंग्रेज 29
अंग्रेजी शिक्षा 29
अंग्रेजी सरकार 29
अंग्रेजों से 30
अंत:करण 30
अधिकार 30
अधिकारी 31
अपने विषय में 31
अभय-वचन 32
अमृत बाजार पत्रिका 32
असंतोष 33
अस्पृश्यता 33
अहंकार 34
अहिंसा का पालन 34
आचरण 34
आतंकवाद 35
आत्मनिर्भर 35
आत्मा 35
आलसी 36
आलस्य 36
आलोचना 36
इंद्रिय-निग्रह 37
इंद्रियाँ 37
ईश्वर पर विश्वास 37
उत्तरदायी सरकार 38
उत्सव 38
उदारवाद-उग्रवाद 39
उदारवादी-उग्रवादी 39
उदारवादी सरकार 39
उद्बोधन 40
उपदेश 40
उपनिषद् 40
एकता 40
औद्योगिक शिक्षा 41
कठिनाइयाँ 41
कर 41
कर्जन 41
कर्तव्य-अकर्तव्य 42
कर्तव्य-पथ 42
कर्ता 42

कर्म	42	जनमत	57
कर्मचारी	44	जनहित	57
कर्मफल	45	जमशेदजी टाटा	58
कर्मयोग	45	जागरूकता	58
कष्ट	46	जाति	59
कष्टभोग	46	जिज्ञासा	59
कष्ट सहन	46	ज्ञान	59
कांग्रेस	47	डोमिनियन स्टेट्स	60
कानून	47	थियोसॉफिस्ट	60
काल की मर्यादा	48	थियोसॉफी	60
किसान	48	दंड	60
कृषि-नीति	48	दादाभाई नौरोजी	61
क्रोध	48	दान	61
क्षत्रिय	49	दुःख	61
गति	49	दुःख-सुख	61
गीता	49	देवनागरी	61
गीता और महाभारत	51	देवियाँ	62
गीता का तात्पर्य	52	देशभक्त	62
गीता धर्म	52	धनी	62
गीताध्ययन	52	धर्म	63
गीता-रहस्य	53	धर्म और सत्य	64
गुप्तचर	53	धार्मिक शिक्षा	64
गोपालकृष्ण गोखले	53	नरम-गरम दल	65
ग्रंथ-परीक्षा	54	नाम	65
ग्रामीण प्रशासन	55	नायक	65
चिकित्सा	55	नित्यधर्म	65
जनता	55	निर्बल	66
जनता के सेवक	56	निष्ठा	66
जनता से	56	नीति	66

नीतिशास्त्र	66
नेता	66
नौकरशाही	67
न्यायाधीश	67
पत्नी का वियोग	68
पत्रकार	68
पत्रकारिता	68
परतंत्रता	68
पराधीन भारत	70
परिस्थिति	70
परोपकार	70
पाप	71
पूर्वजों की स्मृति	71
प्रकृति	71
प्रतिनिधि	72
प्रतीक	72
प्रयास	73
प्रश्न	73
प्राचीन शासन-व्यवस्था	74
प्रेस की स्वतंत्रता	74
फलभोग	74
फिरोजशाह मेहता	74
बंगाल का विभाजन	75
बहिष्कार	75
बात	76
बाधा न पहुँचाएँ	76
बुद्ध	76
बुद्ध और ईसा	76
बुद्धि	77
बुद्धि और मन	80
बौद्ध तथा ईसाई धर्म	80
बौद्धधर्म	80
ब्रह्मचर्य	80
भक्ति	81
भक्तिमार्ग	81
भय	82
भाग्य	82
भारत	82
भारत में स्वशासन	83
भारतीय	83
भारतीय कृषि	85
भारतीय धर्म-सिद्धांत	86
भारतीय नेता	86
भारतीय साहित्य	86
भावना की भाषा	87
भाषा	87
भूलें	87
मजदूर किसान	87
मद्यनिषेध	88
मन	89
मनुष्य	89
मनोदेवता	89
माँग	89
मातृभाषा	90
मानव-प्रकृति	91
मूर्ख	91
मैक्समूलर	91
मोक्ष	91

मोक्ष और कामना	91	वेदांग और योग	101
युवक	92	वैदिक धर्म	101
राजा	92	व्यवस्था	102
राज्य–सत्ता	92	व्यवस्थापक	102
राष्ट्र	93	शक्ति	102
राष्ट्रभाषा	93	शक्तिशाली	103
राष्ट्रीय विद्यालय	94	शब्द	103
लक्ष्य	94	शरीर	103
लघु उद्योग	95	शासक	104
लाला लाजपतराय	95	शासक/जनता	104
लिपि	95	शासक–शासित	104
लोक–संग्रह	96	शासन–प्रणाली	105
बजट	96	शासन–शासक	105
वर्ण	96	शास्त्रीय पद्धति	105
वर्ण–व्यवस्था	97	शिक्षा	106
विकेंद्रीकरण	97	शिक्षा का माध्यम	107
विचार	97	शिक्षा–प्रणाली	108
विदेशी	97	शिक्षित वर्ग	108
विदेशीपन	98	शिक्षितों से	108
विदेशी भाषा	98	शिवाजी	108
विपत्तियाँ	98	शिवाजी–उत्सव	109
विद्यार्थी और राजनीति	99	शिशिरकुमार घोष	111
विद्रोह करें	99	शिष्टाचार	112
विरोध	99	श्रद्धा	112
विवेकानंद	100	श्रद्धा–भक्ति	113
विश्वास	100	संकल्प	113
विषय	100	संकल्प–शक्ति	113
वीर	100	संगठन	114
वीरपूजा	101	संन्यास–मार्ग	114

संस्था 114
सज्जन 115
सज्जनता 115
सत्य 115
सत्याग्रही 116
सदसद्विवेचन 116
समबुद्धि 116
समय 118
समर्थन 118
सरकार 118
सरकार की आलोचना 119
सरकारी कार्य-प्रणाली 119
सांप्रदायिकता 119
साहस 120
सुख 120
सुख-दुःख 121
सुनागरिक 121
सेवा 122
स्थितप्रज्ञ 122
स्मारक 122
स्वतंत्रता 123
स्वतंत्रता की इच्छा 123
स्वदेशी 123
स्वदेशी-आंदोलन 124
स्वदेशीवाद 124
स्वदेशी शासक 124
स्वराज्य 125
स्वराज्य-कामना 130
स्वराज्य की माँग 130
स्वराज्य-प्राप्ति 130
स्वशासन 131
स्वहित 133
हमारा कर्तव्य 133
हरबर्ट स्पेंसर 134
हिंदू-धर्म 134
हिंसा 135
होमरूल 136
विविध 139

मैं तिलक बोल रहा हूँ

अंग्रेज

हम देवताओं के पुजारी को हटाना चाहते हैं। देवताओं को यथावत् बनाए रखना चाहते हैं। हमें इन पुजारियों की आवश्यकता नहीं है, हमारा कहना है आप नए पुजारी हम (भारतीयों) में से चुनकर नियुक्त कीजिए।

—अहमदनगर में भाषण (31 मई, 1916)
(लोकमान्य तिलक : हिज राइटिंग्स एंड स्पीचेज, पृ. 152)

* * *

अंग्रेजी शिक्षा

अंग्रेजी शिक्षा ने लोगों में नई आकांक्षाएँ और आदर्श पैदा किए हैं और जब तक ये राष्ट्रीय आकांक्षाएँ पूर्ण नहीं होतीं, तब तक प्रशासनिक अधिकारियों और जनता के बीच उत्पन्न कटुता को सत्ता के विकेंद्रीकरण की योजना से समाप्त करने की आशा करना व्यर्थ है, चाहे इसके दूसरे प्रभाव कुछ भी हों।

—राष्ट्रीय शिक्षा पर भाषण (1908)
(लोकमान्य तिलक : हिज राइटिंग्स एंड स्पीचेज, पृ. 88)

* * *

अंग्रेजी सरकार

घर जाकर कौन बड़ी फौज या युद्ध-सामग्री इकट्ठी करनी है या किलेबंदी करनी है? सरकार ने सारे देश को ही जेल बना डाला है। इतना ही होगा न कि वह मुझे एक बड़े कमरे की जगह छोटे कमरे में डाल देगी? उसके लिए क्या तैयारी करनी है?

—लोकमान्य तिलक :
एक जीवनी, पृ. 148

* * *

अंग्रेजों से

मैं आपसे एक दूसरी बात कहता हूँ, तुम (अंग्रेजी सरकार) सत्ता से 10 वर्ष के लिए दूर रहो और देखो तुम्हारे बिना प्रशासन चलता है या नहीं, यदि हमसे प्रशासन नहीं चल पाया तो हमें तुम अगले 10 वर्षों तक अपने नियंत्रण में रखने के लिए स्वतंत्र हो।

—हिस्टोरिकल रिसर्च सोसाइटी में भाषण (1 मई, 1916)
(लोकमान्य तिलक : हिज राइटिंग्स एंड स्पीचेज, पृ. 122)

* * *

अंतःकरण

किसी काम के केवल बाहरी परिणाम से ही उसको न्याय अथवा अन्याय कहना बहुधा असंभव हो जाता है। हम लोग किसी घड़ी को उसके ठीक-ठीक समय बतलाने न बतलाने पर, अच्छी या खराब कहा करते हैं। परंतु इसी नीति का उपयोग मनुष्य के कार्यों के संबंध में करने के पहले हमें यह बात अवश्य ध्यान में रखनी चाहिए, कि मनुष्य घड़ी के समान—कोई यंत्र नहीं है। यह बात सच है कि सब सत्पुरुष जगत् के कल्याणार्थ प्रयत्न किया करते हैं। परंतु इससे यह उलटा अनुमान निश्चयपूर्वक नहीं किया जा सकता कि जो कोई लोककल्याण के लिए प्रयत्न करता है, वह प्रत्येक साधु ही है। यह भी देखना चाहिए कि मनुष्य का अंतःकरण कैसा है? यंत्र और मनुष्य में यदि कुछ भेद है तो यही कि एक हृदयहीन है और दूसरा हृदययुक्त है; और इसीलिए अज्ञान से या भूल से किए गए अपराध को कायद में क्षम्य मानते हैं। तात्पर्य, कोई काम अच्छा है या बुरा, धर्म है या अधर्म, नीति का है अथवा अनीति का, इत्यादि बातों का सच्चा निर्णय उस काम के केवल बाहरी फल या परिणाम—अर्थात् वह अधिकांश लोगों को अधिक सुख देगा कि नहीं, इतने ही से नहीं किया जा सकता। उसी के साथ-साथ यह भी जानना चाहिए कि उस काम को करनेवाले की बुद्धि, वासना या हेतु कैसा है?

—श्रीमद्‌भगवद्‌गीता रहस्य अथवा कर्मयोगशास्त्र, पृ. 86

* * *

अधिकार

कनाडा में अंग्रेज और फ्रांसीसी दो जातियाँ रहती हैं। जब अंग्रेज राजनीतिज्ञ वहाँ समस्याओं को हल कर सकते हैं तो क्या भारत में हिंदू और मुसलमान मिलकर अपनी समस्याएँ हल नहीं कर सकते? ये सब हमें अधिकार न देने के बहाने हैं।

—नागर में भाषण (1 जून, 1916)
(लोकमान्य तिलक : हिज राइटिंग्स एंड स्पीचेज, पृ. 206)

* * *

छोटा हो या बड़ा, धनी हो या निर्धन, प्रत्येक को अपने अधिकार के संबंध में सोचना चाहिए।

—लोकमान्य तिलक : हिज राइटिंग्स एंड स्पीचेज, पृ. 267

❊ ❊ ❊

यदि भविष्य में हमें कोई अधिकार मिले या कोई शक्ति हमारे हाथ में आए और यह अगले अधिकार देने का एक पग हो तब तो इसका कोई मूल्य है अन्यथा इसका कोई मूल्य नहीं है। *—नागर में भाषण (1 जून, 1916)*

(लोकमान्य तिलक : हिज राइटिंग्स एंड स्पीचेज, पृ. 207)

❊ ❊ ❊

स्वामी और सेवक के बीच सहभावनाएँ असंभव हैं। ये भाव समान स्तर के लोगों के बीच ही संभव हो सकते हैं। भारतीयों को यह स्पष्ट कर देना चाहिए कि वे अधिकारों को पाने के लिए योग्य हैं। उन्हें वित्त-विभाग जैसे विभाग हाथ में ले लेने चाहिए, जब सरकार जनता को उसके अधिकार देने के लिए विवश होगी। यही सफलता की कुंजी है। *—कलकत्ता में भाषण (7 जून, 1906)*

(लोकमान्य तिलक : हिज राइटिंग्स एंड स्पीचेज, पृ. 24)

❊ ❊ ❊

अधिकारी

मैंने कहा था कि राजा का अर्थ अदृश्य राजा सरकार से है—यह कहना किसी प्रकार का अपराध नहीं है। बीच में बहुत से देवता भी हैं। प्राय: ईश्वर क्रुद्ध नहीं होता; ये देवता बिना कारण ही क्रुद्ध हो जाते हैं। सबसे पहले हमें इन देवताओं से निपटना चाहिए। *—लोकमान्य तिलक : हिज राइटिंग्स एंड स्पीचेज, पृ. 116*

❊ ❊ ❊

अपने विषय में

अधिकारियों ने मुझे ऐसे कठोर एकांतवास में रखा था कि ऐसा लगता था कि जैसे वे चाहते थे कि मैं संसार को भूल जाऊँ और संसार मुझे भूल जाए। फिर भी मैं लोगों को नहीं भूला और मुझे यह देखकर खुशी हुई कि लोग भी मुझे नहीं भूले हैं। मैं लोगों को केवल यह आश्वासन ही दे सकता हूँ कि 6 वर्षों की यह दूरी उनके प्रति मेरा प्रेम कम नहीं कर सकी है और मैं 6 वर्ष पहले की तरह ही उसी प्रकार और पूर्वस्थिति में ही सेवा करने को सहमत और उद्यत हूँ, यद्यपि यह हो सकता है कि मुझे अपना मार्ग किंचित्मात्र बदलना पड़े। *—पूना की सार्वजनिक सभा में भाषण (20 जून, 1914)*

❊ ❊ ❊

मैं इसका गंभीरता से विरोध करता हूँ कि लोग मुझे महात्मा और भगवान् कहते हैं।

मैं आपकी तरह एक सामान्य मानव हूँ। शायद मुझमें और दूसरों में केवल यही फर्क है कि मैं जो सब जानता हूँ, उसे दूसरों में बाँटने के लिए दृढ़प्रतिज्ञ हूँ। पुस्तकों में सब ज्ञान रहता है, लेकिन वे न चल-फिर सकती हैं और न लोगों से बात कर सकती हैं। लेकिन मनुष्य यह कर सकता है।

—निपानी की सभा में भाषण (13 अप्रैल, 1917)

* * *

मैं शरीर से बूढ़ा हूँ परंतु आत्मा से युवा हूँ। मैं युवा होने का सम्मान पाने से वंचित नहीं रहना चाहता। *—1917 में नासिक सम्मेलन में होमरूल प्रस्ताव पर भाषण*

(लोकमान्य तिलक : हिज राइटिंग्स एंड स्पीचेज, पृ. 27)

* * *

लोगों में मेरी जो प्रतिष्ठा है, वह केवल मेरे चरित्र के कारण है। इसलिए ऐसे मुकदमे से डर जाना मेरे लिए लज्जास्पद होगा। अगर मैं घबरा जाऊँ, तब तो महाराष्ट्र में रहूँ या अंडमान में, दोनों एक ही समान हैं।...हमें यदि राजनीति में पड़ना ही है, तो ऐसी जोखिम के लिए सदा तैयार रहना चाहिए।...उसका (सरकार का) उद्देश्य पूना के नेताओं को जनता की निगाह में गिराना है, परंतु मुझे विश्वास है कि वह हमें बिलकुल भी ढीला और पस्तहिम्मत नहीं कर पाएगी। हमें यह भी याद रखना चाहिए कि आखिर किसी हद तक हम जनता के सेवक तो हैं ही। तब नाजुक वक्त आने पर यदि हम कायर होकर भाग खड़े होंगे, तो यह उसके साथ विश्वासघात और द्रोह माना जाएगा।

—लोकमान्य तिलक : एक जीवनी, पृ. 101

* * *

अभय-वचन

अभय-वचन का पालन न करना विश्वासघात है और ऐसा भारत-सचिव तो क्या, स्वयं पार्लियामेंट भी नहीं कर सकती। न्याय के निमित्त दिए अभय-वचन के पालन से कानून-भंग का दोष नहीं रहता।

—पूना की सभा में भाषण (1 सितंबर, 1889)

* * *

अमृत बाजार पत्रिका

मुझे भी पत्रकारिता के क्षेत्र में कुछ काम करना है। जब मैं सभी पत्रिकाओं का सर्वेक्षण करता हूँ जो दो पीढ़ियों से एक-सी नीति और भावना से प्रकाशित होते आए हैं—मैं केवल एक श्रेष्ठ पत्रिका का नाम ले सकता हूँ—वह है अमृत बाजार पत्रिका।

—लोकमान्य तिलक : हिज राइटिंग्स एंड स्पीचेज, पृ. 326

* * *

असंतोष

असंतोष सब भावी उत्कर्ष का, प्रयत्न का, ऐश्वर्य का और मोक्ष का बीज है। हमें इस बात का सदैव ध्यान रखना चाहिए कि, यदि हम असंतोष का पूर्णतया नाश कर डालेंगे, तो इस लोक और परलोक में भी हमारी दुर्गति होगी।

—श्रीमद्भगवद्गीता रहस्य अथवा कर्मयोगशास्त्र, पृ. 109

* * *

इतिहास ऐसे उदाहरणों से भरा पड़ा है कि निर्धन भिखमंगों के असंतोष ने साम्राज्य उखाड़ फेंके। मध्यकालीन भारतीय इतिहास के चाणक्य से अधिक निर्धन और कौन था और यह सर्वज्ञात है कि निराश्रय चाणक्य की छोटी सी चोटी में लगी गाँठ ने जान-बूझकर चाणक्य का अपमान करने पर नंदवंश का नाश कर दिया।

—शिवाजी अभिषेक दिवस पर भाषण (25 जून, 1907)
(लोकमान्य तिलक : हिज राइटिंग्स एंड स्पीचेज, पृ. 59-60)

* * *

काम-क्रोध आदि विकारों के समान ही असंतोष को भी अनिवार्य नहीं होने देना चाहिए। यदि वह अनिवार्य हो जाएगा तो निःसंदेह हमारे सर्वस्व का नाश कर डालेगा।

—श्रीमद्भगवद्गीता रहस्य अथवा कर्मयोगशास्त्र, पृ. 109

* * *

अस्पृश्यता

अस्पृश्यता एक रूढ़िमात्र है। उसे नष्ट करना ही होगा। उसे समाप्त होना ही पड़ेगा।

— धार्मिक मतें

—विश्वसूक्ति कोश, भाग 1 में उद्धृत, पृ. 63

* * *

अस्पृश्यता वैदिक धर्म में संगत नहीं है। यह एक रूढ़ि है। मैं इससे इनकार नहीं करता कि यह प्रथा प्राचीनकालीन ब्राह्मणों के अत्याचारों तथा तानाशाही से ही पैदा और मजबूत हुई है। अब हमें उसे उखाड़ फेंकना चाहिए।…राष्ट्र के कल्याण के लिए मैं अस्पृश्यों के साथ सब प्रकार का व्यवहार करने के लिए तैयार हूँ। अस्पृश्यता को हमारे समाज में कायम रखना परमेश्वर के सामने पाप करने जैसा है। अस्पृश्यता यदि एक बार ईश्वर को भी मान्य हो तो मैं उसे ईश्वर नहीं मानूँगा।

—अस्पृश्यता निवारण पर प्रस्ताव, बंबई 24-3-1918

* * *

भगवान् यदि अस्पृश्यता को सहता हो, तो मैं उसे भगवान् मानने को ही तैयार नहीं हूँ।

—धार्मिक मतें

(विश्वसूक्ति कोश, भाग 1 में उद्धृत, पृ. 63)

* * *

राष्ट्र का अंतिम कल्याण होता हो, तो मैं अस्पृश्य लोगों के साथ सभी व्यवहार करने के लिए तैयार हूँ।

—धार्मिक मतें

(विश्वसूक्ति कोश, भाग 1 में उद्धृत, पृ. 63)

* * *

हिंदू-धर्म वेदप्रणीत है और वेदों में अस्पृश्यता के लिए कुछ भी आधार नहीं है।

—धार्मिक मतें

(विश्वसूक्ति कोश, भाग 1 में उद्धृत, पृ. 63)

* * *

अहंकार

जब अहंकार अपनी शक्ति के भिन्न-भिन्न पदार्थ उत्पन्न करने लगता है, तब उसी में एक बार तमोगुण का उत्कर्ष होकर एक ओर पाँच ज्ञानेंद्रियाँ, पाँच कर्मेंद्रियाँ और मन मिलकर इंद्रिय-सृष्टि की मूलभूत ग्यारह इंद्रियाँ उत्पन्न होती हैं; और दूसरी ओर, तमोगुण का उत्कर्ष होकर उससे निरिंद्रिय-सृष्टि के मूलभूत पाँच तन्मात्रद्रव्य उत्पन्न होते हैं। परंतु प्रकृति की सूक्ष्मता अब तक कायम रही है; इसलिए अहंकार से उत्पन्न होनेवाले ये सोलह तत्त्व भी सूक्ष्म ही रहते हैं।

—श्रीमद्‌भगवद्‌गीता रहस्य अथवा कर्मयोगशास्त्र, पृ. 176

* * *

अहिंसा का पालन

हमें किसी प्रकार की हिंसा का प्रयोग नहीं करना है। क्योंकि हमारा संघर्ष संवैधानिक होगा, इसके लिए भारी साहस की आवश्यकता होगी। हमें साहसपूर्वक और निर्भीक होकर सरकार को बता देना चाहिए कि हम क्या चाहते हैं।

—कानपुर में जनसभा (1 जनवरी, 1917)

(लोकमान्य तिलक : हिज राइटिंग्स एंड स्पीचेज, पृ. 256)

* * *

आचरण

असभ्य तथा जंगली अवस्था में प्रत्येक मनुष्य का आचरण, समय-समय पर उत्पन्न होनेवाली मनोवृत्तियों की प्रबलता के अनुसार हुआ करता है। परंतु धीरे-धीरे

कुछ समय के बाद यह मालूम होने लगता है, कि इस प्रकार का मनमाना बर्ताव श्रेयस्कर नहीं है; और यह विश्वास होने लगता है कि इंद्रियों के स्वाभाविक व्यापारों की कुछ मर्यादा निश्चित करके उसके अनुसार बर्ताव करने ही में सब लोगों का कल्याण है। तब प्रत्येक मनुष्य ऐसी मर्यादाओं का पालन कायदे के तौर पर करने लगता है; जो शिष्टाचार से, अन्य रीति से, सुदृढ़ हो जाया करती हैं। जब इस प्रकार की मर्यादाओं की संख्या बहुत बढ़ जाती है, तब उन्हीं का एक शास्त्र बन जाता है।

—श्रीमद्भगवद्गीता रहस्य अथवा
कर्मयोगशास्त्र, पृ. 69

* * *

आतंकवाद

निराशा से पैदा हुई आतंकवाद और बमबाजी की यह प्रवृत्ति देश का दुर्दैव है; और इसका कारण है सरकारी जुल्म, जिसका आतंकवाद स्वाभाविक परिणाम है।

—लोकमान्य तिलक : एक जीवनी, पृ. 147

* * *

आत्मनिर्भर

हमें और अधिक आत्मनिर्भर बनना चाहिए।

—पत्नी की मृत्यु पर पत्र (8 जून, 1912)
(बाल गंगाधर तिलक, पृ. 339)

* * *

आत्मा

आत्मा का अर्थ है परमेश्वर; और चित्त को परमेश्वर के साथ परिचित किए बिना शक्ति नहीं मिलती। यदि एक काया जीर्ण हो जाती है तो 'आत्मा' दूसरी काया धारण कर लेती है। गीता हमें यही विश्वास दिलाती है।

—नासिक सम्मेलन में होमरूल प्रस्ताव पर भाषण (1917)
(लोकमान्य तिलक : हिज राइटिंग्स एंड स्पीचेज, पृ. 271)

* * *

आपमें एक आत्मा है, जिसे मैं जगाना चाहता हूँ। मैं अज्ञान के कारण छाए अंधेपन, स्वार्थपरता और छलावे को नष्ट करना चाहता हूँ।

—नासिक सम्मेलन में होमरूल प्रस्ताव पर भाषण (1917)
(लोकमान्य तिलक : हिज राइटिंग्स एंड स्पीचेज, पृ. 272)

* * *

इस आत्मा को कोई शस्त्र नहीं काट सकता, अग्नि इसे जला नहीं सकती, जल इसे गीला नहीं कर सकता और वायु इस आत्मा को सुखा नहीं सकती। मैं और आगे कहता हूँ, कोई सी.आई.डी. इस आत्मा को जला नहीं सकती। यही सिद्धांत मैं सामने बैठे पुलिस अधीक्षक पर तथा सभा में आमंत्रित कलेक्टर पर और सरकारी आशुलिपिक पर, जो मेरे भाषणों को संक्षेप में लिख रहा है, लागू करता हूँ। यह सिद्धांत मर भले ही जाए पर कभी लुप्त नहीं होगा।

—नासिक सम्मेलन में होमरूल प्रस्ताव पर भाषण (1917)

(लोकमान्य तिलक : हिज राइटिंग्स एंड स्पीचेज, पृ. 272)

* * *

आलसी

एक बहुत प्राचीन सिद्धांत है कि ईश्वर उनकी ही सहायता करता है, जो अपनी सहायता आप करते हैं। यह सिद्धांत ऋग्वेद में दिया गया है। ईश्वर कब अवतरित होता है? जब आप उसकी प्रार्थना करते हैं और अपनी शिकायत उसके सामने रखते हैं। वह निरर्थक ही अवतरित नहीं होता। आलसी व्यक्तियों के लिए ईश्वर अवतार नहीं लेता। वह उद्योगशील व्यक्तियों के लिए ही अवतरित है। इसलिए कार्य शुरू कीजिए।

—नागर में भाषण (1 जून, 1916)

(लोकमान्य तिलक : हिज राइटिंग्स एंड स्पीचेज, पृ. 219-220)

* * *

आलस्य

यदि समय अनुकूल हो तो उसका लाभ आप तभी उठा सकते हैं, जब आप जाग्रत हों। अन्यथा एक बार सोने पर सदैव सोते रह जाओगे। भले ही हमें स्वराज्य मिल जाए, उसका लाभ क्या होगा।

—नागर में भाषण (1 जून, 1916)

(लोकमान्य तिलक : हिज राइटिंग्स एंड स्पीचेज, पृ. 192)

* * *

आलोचना

गवर्नर तो शाही-सरकार का एक मुनीम जैसा ही है। उसकी आलोचना करने से साम्राज्ञी की आलोचना नहीं होती।...हमारे साथ जो अन्याय हो रहा है, वह साम्राज्ञी सरकार को मान्य नहीं है। ऐसी दशा में भी यदि हम इसके बारे में न लिखें, तो अखबार चलाने का क्या फायदा?

—लोकमान्य तिलक : एक जीवनी, पृ. 89

* * *

इंद्रिय-निग्रह

प्रत्येक मनुष्य का कर्तव्य है कि वह अपनी बुद्धि को सात्त्विक बनावे। यह काम इंद्रिय-निग्रह के बिना हो नहीं सकता। जब तक व्यावसायिक बुद्धि यह जानने में समर्थ नहीं है, कि मनुष्य का हित किस बात में है; और जब तक वह उस बात का निर्णय या परीक्षा किए बिना ही इंद्रियों की इच्छानुसार आचरण करती रहती है, तब तक वह बुद्धि 'शुद्ध' नहीं कही जा सकती है। अतएव बुद्धि को मन और इंद्रियों के अधीन नहीं होने देना चाहिए। किंतु ऐसा उपाय करना चाहिए, कि जिसमें मन और इंद्रियाँ बुद्धि के अधीन रहें।

—श्रीमद्भगवद्गीता रहस्य अथवा कर्मयोगशास्त्र, पृ. 140

* * *

इंद्रियाँ

जिस प्रकार बाहर का माल भीतर लाने के लिए और भीतर का माल बाहर भेजने के लिए किसी कारखाने में दरवाजे होते हैं, उसी प्रकार मनुष्य के देह में बाहर के माल को भीतर लेने के लिए ज्ञानेंद्रिय-रूपी द्वार हैं, और भीतर का माल बाहर भेजने के लिए कर्मेंद्रिय-रूपी द्वार हैं।

—श्रीमद्भगवद्गीता रहस्य अथवा कर्मयोगशास्त्र, पृ. 131-132

* * *

मनुष्य की इंद्रियाँ उसे पशु के समान आचरण करने के लिए कहा करती हैं, और उसकी बुद्धि उसके विरुद्ध दिशा में खींचा करती है। इस कलहाग्नि में जो लोग अपने शरीर में संचार करनेवाले पशुत्व का यज्ञ करके कृतकृत्य (सफल) होते हैं, उन्हें ही सच्चा याज्ञिक कहना चाहिए, और वे ही धन्य हैं।

—गीता-रहस्य अथवा कर्मयोगशास्त्र, पृ. 70

* * *

ईश्वर सर्वस्व धारणकर्ता है, उसे किसी वस्तु की आवश्यकता नहीं है, फिर भी वह विश्व का संचालन करता है। उसने विश्व का संचालन नहीं किया तो विश्व नष्ट हो जाएगा।

—गीता-रहस्य पर वार्ता (अमरावती, 1917)
(लोकमान्य तिलक : हिज राइटिंग्स एंड स्पीचेज, पृ. 262)

* * *

ईश्वर पर विश्वास

इस दुनिया की तमाम चीजों पर इस न्यायासन की अपेक्षा कहीं अधिक श्रेष्ठ सत्ता की हुकूमत चलती है। और मुझे लगता है कि शायद ईश्वर की यही इच्छा होगी कि जो

काम मैंने अपने सिर लिया है, उसी की प्रगति मेरे मुक्त रहने के बजाय जेल में जाकर दु:ख सहने से अधिक होगी।

—लोकमान्य तिलक, एक जीवनी, पृ. 156

* * *

उत्तरदायी सरकार

उत्तरदायी सरकार शब्द से हमारा आशय उस सरकार से है, जिसमें कार्यकारिणी विधानसभा के प्रति उत्तरदायी होती है। इस विधानसभा को आप संसद् या किसी अन्य नाम से भी पुकार सकते हैं और यह विधानसभा पूर्णत: चुने हुए सदस्यों से गठित होनी चाहिए।

— नासिक सम्मेलन में होमरूल प्रस्ताव पर भाषण (1917)
(लोकमान्य तिलक : हिज राइटिंग्स एंड स्पीचेज, पृ. 305-306)

* * *

उत्सव

पुराने जमाने की यात्राएँ, मेले आदि देश के धार्मिक, सामाजिक तथा सांस्कृतिक जीवन के सूचक थे। इन छोटे-बड़े मेलों और उत्सवों को अगर प्रतिष्ठित लोगों का सहारा मिल जाए तो उनसे देश का काफी लाभ हो सकता है। यह काम कांग्रेस के काम जैसा खर्चीला और विकट नहीं है। लेकिन फिर भी जो काम कांग्रेस द्वारा संभव नहीं है, वह इन उत्सवों द्वारा पढ़े-लिखे आदमी आसानी से कर सकते हैं। हम अपने इन बड़े-बड़े मेलों को विराट् सभाओं का रूप क्यों न दें? ऐसा करके हम अपने राजनीतिक आंदोलनों को देहातों तक पहुँचा सकते हैं।...इन मेलों में हम लोगों को यह बता सकते हैं कि हमारे देश की वर्तमान दशा कैसी है, उसका क्या कारण है और उसे कैसे उन्नत किया जा सकता है। हम लोगों में धर्म-बुद्धि जाग्रत् करके अपनी राष्ट्रीयता को ज्यादा मजबूत बना सकते हैं।

— राष्ट्रीय उत्सवों की आवश्यकता लेख (सन् 1895)
(लोकमान्य तिलक : एक जीवनी, पृ. 74)

* * *

मानव-प्रकृति ही ऐसी है कि हम बिना उत्सवों के नहीं रह सकते। उत्सव-प्रिय होना मानव-स्वभाव है। हमारे त्योहार होने ही चाहिए। अगर आप अपना उत्साह बनाए रहना चाहते हैं तो आपको वर्ष में कम-से-कम एक बार एकत्र होना चाहिए और किसी विशेष विचार पर अपनी बौद्धिक तथा आत्मिक शक्ति केंद्रित करनी चाहिए। त्योहार केवल बीते दिनों की स्मृतियाँ बनाए रखने के लिए मनाए जाते हैं।

— कलकत्ता में भाषण (5 जून, 1906)

* * *

उदारवाद-उग्रवाद

प्रत्येक नया दल 'उग्रवादी' के रूप में शुरू होता है और 'उदारवादी' बनकर समाप्त हो जाता है। व्यावहारिक राजनीति का क्षेत्र असीमित है। हम नहीं कह सकते अब से 1000 वर्ष आगे क्या होगा और क्या नहीं होगा—संभवत: उस लंबी अवधि में सारी गोरी जाति एक अन्य बर्फीले काम में पहुँच जाएगी। इसलिए हमें वर्तमान को समझना चाहिए और वर्तमान आवश्यकताओं की पूर्ति के लिए कार्यक्रम बनाना चाहिए। *—कलकत्ता में भाषण (2 जनवरी, 1907)*

(लोकमान्य तिलक : हिज राइटिंग्स एंड स्पीचेज, पृ. 38)

❊ ❊ ❊

उदारवादी-उग्रवादी

अभी-अभी दो नए शब्द हमारी राजनीति में आए हैं—'उदारवादी' तथा 'उग्रवादी'। ये शब्द वर्तमान समय से विशेष संबंध रखते हैं; इसलिए समय के बदलने पर ये शब्द भी बदल जाएँगे। आज के 'उग्रवादी' बीते कल के उदारवादी हो जाएँगे जैसे कि आज के 'उदारवादी' कल उग्रवादी थे। *—कलकत्ता में भाषण (2 जनवरी, 1907)*

(लोकमान्य तिलक : हिज राइटिंग्स एंड स्पीचेज, पृ. 37)

❊ ❊ ❊

उदारवादी सरकार

एक उदारवादी सरकार का अर्थ है कि सरकार अथवा उसके उदारवादी सिद्धांतों में पगे हों, क्योंकि वे देश में प्रशासन को इन्हीं सिद्धांतों पर चलाना चाहेंगे। ब्रिटिश लोग इंग्लैंड में ही उदारवादी रहते हैं, परंतु भारत में आते ही वे अनुदारवादी बन जाते हैं। बहुत से प्रशासन-अधिकारी जब स्कूलों-कॉलेजों से प्रशिक्षण लेकर आते हैं तो बड़े ही उदारवादी प्रतीत होते हैं, परंतु जब वे एंग्लोइंडियन महिला से विवाह कर लेते हैं तो उनके विचार बदल जाते हैं और वे अनुदारवादी बन जाते हैं।

—कलकत्ता में भाषण (2 जनवरी, 1907)

(लोकमान्य तिलक : हिज राइटिंग्स एंड स्पीचेज, पृ. 41)

❊ ❊ ❊

कहा जाता है कि 'उदारवाद' पुनर्जीवित होगा, परंतु यह कब तक ठहरेगा? हो सकता है अगले वर्ष उदारवादी सत्ता में ही न रहें, और हमें अगले उदारवाद के आने तक प्रतीक्षा करनी पड़े। यदि दूसरा उदारवाद भी न टिक पाया तो तीसरे उदारवाद के आने की प्रतीक्षा होगी। मैं पूछना चाहता हूँ, कोई उदारवादी सरकार कर भी क्या सकती है?

—कलकत्ता में भाषण (2 जनवरी, 1907)

(लोकमान्य तिलक : हिज राइटिंग्स एंड स्पीचेज, पृ. 40)

❊ ❊ ❊

उद्‌बोधन

अब परिस्थितियाँ बदल गई हैं, और अनुकूल भी हैं। अब हमारा 'अब करो या फिर कभी नहीं होगा' का नारा आगे बढ़ चुका है। पीठ मत दिखाइए, आगे बढ़िए और विश्वास के साथ अंतिम परिणाम को ईश्वर की कृपा पर छोड़ दीजिए।

—लोकमान्य तिलक : हिज राइटिंग्स एंड स्पीचेज, पृ. 280

❋ ❋ ❋

प्रयास कीजिए, आप जो काम कर रहे हैं, वह असफल नहीं होगा। उसका कोई–न–कोई सुपरिणाम अवश्य निकलेगा। अपने में दृढ़ विश्वास रखिए। क्या दूसरे साम्राज्यों में लोगों ने स्वतंत्रता प्राप्त नहीं की है ? क्या दूसरे राष्ट्रों में देवियाँ ही इस काम को करने के लिए अवतरित हुई हैं ? मैं अपको स्पष्ट रूप से बता देना चाहता हूँ, जब तक आप लोगों में साहस नहीं होगा, आपको कुछ प्राप्त नहीं होगा।

—नागर में भाषण (1 जून, 1916)
(लोकमान्य तिलक : हिज राइटिंग्स एंड स्पीचेज, पृ.210)

❋ ❋ ❋

उपदेश

किसी भी उपदेश को लीजिए; आप देखेंगे कि उसका कुछ–न–कुछ कारण अवश्य रहता ही है; और उपदेश की सफलता के लिए शिष्य के मन में उस उपदेश का ज्ञान प्राप्त कर लेने की इच्छा भी प्रथम ही से जाग्रत् रहनी चाहिए।

—श्रीमद्‌भगवद्‌गीता रहस्य अथवा कर्मयोगशास्त्र, पृ. 443

❋ ❋ ❋

उपनिषद्

उपनिषदों के ब्रह्मज्ञान तथा कापिलसांख्य के क्षर–अक्षर विचार के साथ भक्ति और विशेषत: निष्कामकर्म का मेल करके कर्मयोग का शास्त्रीय रीति से पूर्णतया समर्थन करना ही गीताग्रंथ का मुख्य प्रतिपाद्य विषय है।

—श्रीमद्‌भगवद्‌गीता रहस्य अथवा कर्मयोगशास्त्र, पृ. 539

❋ ❋ ❋

एकता

एकता के अभाव में भारत विश्व के राष्ट्रों के बीच अपना स्थान बनाने का अधिकारी नहीं हो सकता।

—धर्म के संबंध में व्याख्यान, बनारस (3 जनवरी, 1906)
(लोकमान्य तिलक : हिज राइटिंग्स एंड स्पीचेज, पृ. 15)

❋ ❋ ❋

आप लोग विभिन्न वेश-भूषाएँ अपना सकते हैं, भिन्न भाषाएँ बोल सकते हैं, परंतु याद रखिए, आप सबमें एक ही अंतर्भावना है, जो आपको क्रियाशील रखती है।

—धर्म के संबंध में व्याख्यान, बनारस (3 जनवरी, 1906)

(लोकमान्य तिलक : हिज राइटिंग्स एंड स्पीचेज, पृ. 14)

* * *

औद्योगिक शिक्षा

औद्योगिक शिक्षा देना हमारी शिक्षा-नीति का तीसरा घटक होगा। किसी भी स्कूल में यह शिक्षा नहीं दी जाती। यह शिक्षा इन स्कूलों (राष्ट्रीय स्कूलों) में दी जाएगी। यह महत्त्वपूर्ण बात है। इस पूरी शताब्दी में हम यह नहीं सीख सके कि एक दियासलाई कैसे बनाई जाती है।

—राष्ट्रीय शिक्षा पर भाषण (1908)

(लोकमान्य तिलक : हिज राइटिंग्स एंड स्पीचेज, पृ. 75)

* * *

कठिनाइयाँ

आप कठिनाइयों, खतरों और असफलताओं के भय से बचने का प्रयत्न मत कीजिए। वे तो निश्चित रूप से आपके मार्ग में आनी ही हैं।

—कानपुर में जनसभा (1 जनवरी, 1917)

(लोकमान्य तिलक : हिज राइटिंग्स एंड स्पीचेज, पृ. 255)

* * *

कर

यदि सरकार जनता से वसूले गए कर को जनता की भलाई में खर्च नहीं करती तो उसे हमसे कर लेने का अधिकार नहीं है। सरकार हमसे कर हमारी भलाई के कामों के लिए ही लेती है।

—अहमदनगर में भाषण (31 मई, 1916)

(लोकमान्य तिलक : हिज राइटिंग्स एंड स्पीचेज, पृ. 150)

* * *

कर्जन

साम्राज्य, अखंडित साम्राज्य, अप्रतिहत एवं चिरस्थायी साम्राज्य, बस साम्राज्य-ही-साम्राज्य—यही कर्जन साहब की नीति का मुख्य लक्षण है। उनकी ऐसी पक्की मान्यता है कि शौर्य, विद्या, व्यापार एवं संपत्ति के विषय में भारत को सदा के लिए ब्रिटेन का आश्रित होकर रहना चाहिए। अपने शासकों के साथ भारत स्पर्धा करने लग जाए, यह उनकी बरदाश्त के बाहर है। *—लोकमान्य तिलक : एक जीवनी, पृ. 126*

* * *

कर्तव्य-अकर्तव्य

नीति के सामान्य नियमों ही से सदा काम नहीं चलता, नीतिशास्त्र के प्रधान नियम—अहिंसा—में भी कर्तव्य-अकर्तव्य का सूक्ष्म विचार करना ही पड़ता है।

—गीता-रहस्य अथवा कर्मयोगशास्त्र, पृ. 31

* * *

कर्तव्य-पथ

कर्तव्य-पथ पर गुलाब-जल नहीं छिड़का होता है और न ही उसमें गुलाब उगते हैं।

—शिवाजी अभिषेक दिवस पर भाषण (25 जून, 1907)
(लोकमान्य तिलक : हिज राइटिंग्स एंड स्पीचेज, पृ. 64)

* * *

कर्ता

कर्ता किसी कर्म से बँध न जाए। उसे कर्म केवल लक्ष्य की प्राप्ति के लिए और परिणाम की आसक्ति बिना करते रहना है।

—गीता-रहस्य पर वार्त्ता (अमरावती, 1917)
(लोकमान्य तिलक : हिज राइटिंग्स एंड स्पीचेज, पृ. 261)

* * *

कर्म

आत्मबुद्धि-प्रसाद से प्राप्त होनेवाला शांति-सुख ही वह सच्चा ध्येय है, परंतु आध्यात्मिक सुख ही यद्यपि इस प्रकार ऊँचे दरजे का हो, तथापि उसके साथ इस सांसारिक जीवन में ऐहिक वस्तुओं की भी उचित आवश्यकता है, और इसीलिए सदा निष्काम बुद्धि से प्रयत्न अर्थात् कर्म करते ही रहना चाहिए।

—गीता-रहस्य अथवा कर्मयोगशास्त्र, पृ. 120

* * *

आपके धर्म का सिद्धांत है, आप केवल धर्म करते जाइए, उसके परिणामों पर ध्यान मत दीजिए।

—नागर में भाषण (1 जून, 1916)
(लोकमान्य तिलक : हिज राइटिंग्स एंड स्पीचेज, पृ. 210)

* * *

ईश्वर तुमसे न यह कहता है, कि कर्म करो; और न यह कहता है कि उनका त्याग कर दो। यह तो सब प्रकृति की क्रीड़ा है, और बंधन मन का धर्म है। इसलिए जो मनुष्य समबुद्धि से अथवा सर्वभूतात्म भूतात्मा होकर कर्म किया करता है, उसे उस कर्म की बाधा नहीं होती।

—श्रीमद्‌भगवद्‌गीता रहस्य अथवा कर्मयोगशास्त्र, पृ. 451

* * *

एकमात्र कर्म ही हमारा मार्ग-प्रदर्शक होना चाहिए। हमारा कर्म निष्काम और पूरी तरह से सोचा-समझा हुआ हो। हमें इस बात पर ध्यान नहीं देना चाहिए कि प्रभुसत्ता किसे मिलेगी? यही पर्याप्त है कि हम पूर्ण सामर्थ्य के साथ सर्वोत्तम ढंग से कर्म करने की स्वतंत्रता प्राप्त कर लेते हैं। यही निस्पृह धर्म है। *—लोकमान्य तिलक : हिज राइटिंग्स एंड स्पीचेज, पृ. 278*

❋ ❋ ❋

जब हमारा देश हिंदुस्तान ज्ञान, वैभव, यश और पूर्ण स्वराज्य के सुख का अनुभव ले रहा था, उस समय एक सर्वज्ञ, महापराक्रमी, यशस्वी और परमपूज्य क्षत्रिय ने दूसरे क्षत्रिय को—जो महान् धनुर्धारी था—क्षात्रधर्म के स्वकार्य में प्रवृत्त करने के लिए गीता का उपदेश किया है। जैन और बौद्ध धर्मों के प्रवर्तक महावीर और गौतमबुद्ध भी क्षत्रिय ही थे। परंतु इन दोनों ने वैदिक धर्म के केवल संन्यास मार्ग को अंगीकार कर क्षत्रिय आदि सब वर्णों के सन्यास मार्ग का दरवाजा खोल दिया था। भगवान् श्रीकृष्ण ने ऐसा नहीं किया, क्योंकि भागवतधर्म का यह उपदेश है कि न केवल क्षत्रियों को किंतु ब्राह्मणों को भी निवृत्तिमार्ग की शांति के साथ-साथ निष्कामबुद्धि से सब कर्म आमरणांत करते रहने का प्रयत्न करना चाहिए।

—श्रीमद्भगवद्गीता रहस्य अथवा कर्मयोगशास्त्र, पृ. 443

❋ ❋ ❋

जिसे जो रोजगार निसर्गत: प्राप्त हुआ है, उसे यदि वह निष्काम बुद्धि से करता रहे, तो उस कर्ता को कुछ भी पाप नहीं लगेगा। सब कर्म एक ही से हैं। दोष केवल कर्ता की बुद्धि में है, न कि उसके कर्मों में। अतएव बुद्धि को सम करके यदि सब कर्म किए जाएँ तो परमेश्वर की उपासना हो जाती है। पाप नहीं लगता; और अंत में सिद्धि भी मिल जाती है। *—श्रीमद्भगवद्गीता रहस्य अथवा कर्मयोगशास्त्र, पृ. 490*

❋ ❋ ❋

जो आत्मैक्य को पहचानकर सब प्राणियों से ममता का व्यवहार करता है, वह गुप्त या प्रगट किसी रीति से भी कोई दुष्कृत्य कर ही नहीं सकता।

—श्रीमद्भगवद्गीता रहस्य अथवा कर्मयोगशास्त्र, पृ. 480

❋ ❋ ❋

जो कर्म हमारे मोक्ष अथवा हमारी आध्यात्मिक उन्नति के अनुकूल हो, वही पुण्य है। वही धर्म और वही शुभकर्म है और जो कर्म उसके प्रतिकूल हो वही पाप, अधर्म अथवा अशुभ है। यही कारण है कि हम—'कर्तव्य-अकर्तव्य', 'कार्य-अकार्य' शब्दों का ही अधिक उपयोग करते हैं। *—श्रीमद्भगवद्गीता रहस्य अथवा कर्मयोगशास्त्र, पृ. 67*

❋ ❋ ❋

वैदिक संन्यास धर्म पर दृष्टि डालने से देख पड़ता है कि कर्ममय सृष्टि के सब व्यवहार तुष्णामूलक अतएव दुःखमय हैं। उससे अर्थात् जन्म-मरण के भवचक्र से आत्मा का सर्वथा छुटकारा होने के लिए मन निष्काम और विरक्त करना चाहिए; तथा उसको दृश्यसृष्टि के मूल में रहनेवाले आत्मस्वरूपी नित्य परब्रह्म में स्थिर करके सांसारिक कर्मों का सर्वथा त्याग करना उचित है। इस आत्मनिष्ठ स्थिति ही में सदा निमग्न रहना संन्यासधर्म का मुख्य तत्त्व है।

—श्रीमद्‌भगवद्‌गीता रहस्य अथवा कर्मयोगशास्त्र, पृ. 573

* * *

सृष्टि के जो व्यवहार परमेश्वर की इच्छा से चल रहे हैं, उनका एक-आध विशेष भाग किसी मनुष्य के द्वारा पूरा कराने के लिए ही परमेश्वर उसको उत्पन्न किया करता है; और यदि परमेश्वर द्वारा नियत किया गया उसका यह काम मनुष्य न करे, तो परमेश्वर ही की अवज्ञा करने का पाप उसे लगेगा। यदि तुम्हारे मन में यह अहंकार-बुद्धि जाग्रत् होगी, कि ये काम मेरे हैं अथवा मैं उन्हें अपने स्वार्थ के लिए करता हूँ; तो उन कर्मों के भले-बुरे फल तुम्हें अवश्य भोगने पड़ेंगे। परंतु तुम इन्हीं कर्मों को केवल स्वधर्म जानकर परमेश्वरार्पणपूर्वक इस भाव से करोगे कि 'परमेश्वर के मन में जो कुछ करना है, उसके लिए मुझे निमित्त करके वह मुझसे काम कराता है' तो इसमें कुछ अनुचित या अयोग्य नहीं।

—श्रीमद्‌भगवद्‌गीता रहस्य अथवा कर्मयोगशास्त्र, पृ. 435

* * *

स्थितप्रज्ञ की नाईं बुद्धि की समता हो जाने पर भी कर्म से किसी का छुटकारा नहीं। अतएव यदि स्वार्थ के लिए न हो, तो भी लोकसंग्रह के लिए निष्कामबुद्धि से कर्म करते ही रहना चाहिए।

—श्रीमद्‌भगवद्‌गीता रहस्य अथवा कर्मयोगशास्त्र, पृ. 449

* * *

कर्मचारी

आप जो भी करें, खूब सोच-समझकर करें कि यह काम आप अपनी भलाई के लिए ही कर रहे हैं। और इतना ही नहीं, आपको अपना खर्च कम करना होगा। मैं नहीं सोचता कि किसी भी देश में सेवा करते हुए कोई कलेक्टर पच्चीस सौ रुपए वेतन लेता हो। भारत ही एकमात्र ऐसा देश है, जहाँ कलेक्टर को सबसे अधिक वेतन दिया जाता है।

—हिस्टारिकल रिसर्च सोसाइटी में भाषण (1मई, 1916)
(लोकमान्य तिलक : हिज राइटिंग्स एंड स्पीचेज, पृ. 136)

* * *

ये प्रशासनिक कर्मचारी आप लोगों की अपेक्षा बहुत चालाक हैं। वे सत्ता अपने हाथ में रखना चाहते हैं।

—नागर में भाषण (1 जून, 1916)

(लोकमान्य तिलक : हिज राइटिंग्स एंड स्पीचेज, पृ. 187)

* * *

कर्मफल

संसार में कर्म का फल अवश्य मिलता है। कर्मफल उतनी शीघ्रता से नहीं मिलता, जितनी शीघ्रता से मैं कह जाता हूँ। हो सकता है, मैं इस कर्मफल से लाभान्वित भी न हो सकूँ। परंतु इस कर्म का फल अवश्य मिलेगा।

—हिस्टारिकल रिसर्च सोसाइटी में भाषण (1मई, 1916)

(लोकमान्य तिलक : हिज राइटिंग्स एंड स्पीचेज, पृ. 139)

* * *

कर्मयोग

कर्मयोग अर्थात् कर्तव्य-नियम उन सभी श्रेष्ठ बातों का समुच्चय है, जो अध्यात्म-शास्त्र, यथार्थ कर्म और निष्काम उपासना से परिपूर्ण जीवन से प्राप्त होती हैं। इस सार्वभौमिक नियम (कर्मयोग) के अनुपालन से मानव-संप्रेषित आदर्शों की प्राप्ति होती है।

—लोकमान्य तिलक : हिज राइटिंग्स एंड स्पीचेज, पृ. 276

* * *

कर्मयोग इस संसार को निरर्थक नहीं मानता। कर्मयोग चाहता है कि आपके उद्देश्य स्वार्थपरता और भोग-वासना से अछूते हों। यह व्यावहारिक वेदांत का सच्चा दृष्टिकोण और कुंजी है, जो कुतर्कों में खो गई है।

—लोकमान्य तिलक : हिज राइटिंग्स एंड स्पीचेज, पृ. 279

* * *

कर्मयोग और कुछ नहीं है, वरन् धर्म या भौतिक अथवा आध्यात्मिक गौरव को प्राप्त करने की प्रेरक पद्धति है।

—लोकमान्य तिलक : हिज राइटिंग्स एंड स्पीचेज, पृ. 278

* * *

चित्त की शुद्धता के लिए स्वधर्मानुसार वर्णाश्रम विहित कर्म करके ज्ञान-प्राप्ति होने पर मोक्ष के लिए अंत में सब कर्मों को छोड़ संन्यास लेना सांख्यमार्ग है; और कर्मों का कभी त्याग न करे, अंत तक उन्हें निष्कामबुद्धि से करते रहना योग अथवा कर्मयोग है।

—श्रीमद्‌भगवद्‌गीता रहस्य अथवा कर्मयोगशास्त्र, पृ. 445-446

* * *

हमें याद रखना चाहिए कि कर्मयोग हमारी पवित्र वंश-परंपरा है, जो उस अतिप्राचीन स्मरणातीत काल से चली आ रही है, जब हम भारतीय यश और समृद्धि के उच्च आसन पर प्रतिष्ठित थे।

—लोकमान्य तिलक : हिज राइटिंग्स एंड स्पीचेज, पृ. 276

❋ ❋ ❋

कष्ट

प्रात:काल में उदित होने के लिए ही सूर्य सांध्यकाल में अंधकार के गर्त में चला जाता है। मैं एक सामान्य व्यक्ति के विश्वास की बात कर रहा हूँ, कोई वैज्ञानिक नियम नहीं बता रहा हूँ। अंधकार में जाए बिना प्रकाश प्राप्त नहीं हो सकता। गरम हवा के झोंकों में जाए बिना, कष्ट उठाए बिना, पैरों में छाले पड़े बिना, कोलाहल किए बिना, स्वतंत्रता नहीं मिल सकती। *—नागर में भाषण (1 जून, 1916)*

(लोकमान्य तिलक : हिज राइटिंग्स एंड स्पीचेज, पृ. 190)

❋ ❋ ❋

बिना कष्ट के कुछ नहीं मिलता। होमरूल आसमान से आपके हाथों में नहीं आ उतरेगा। *—लोकमान्य तिलक : हिज राइटिंग्स एंड स्पीचेज, पृ. 269*

❋ ❋ ❋

कष्टभोग

आप तब तक कोई विजय प्राप्त नहीं कर सकते हैं, जब तक कि आप कष्ट उठाने के लिए तैयार नहीं होते। यदि स्वार्थ और तर्क के बीच युद्ध छिड़े और इसे प्रपंच के बल पर चलाया जाए तो निश्चित ही स्वार्थ की जीत होगी, और शासक की ओर से मिलनेवाली सद्भावना 'अपील' संकीर्ण सीमाओं में मिलेगी। आपकी क्रांति रक्तहीन होनी चाहिए; परंतु उसका अर्थ यह नहीं होगा कि आप कोई कष्ट ही न उठाएँ या कारावास भी न भोगें।

—शिवाजी अभिषेक दिवस पर भाषण (25 जून, 1907)

(लोकमान्य तिलक : हिज राइटिंग्स एंड स्पीचेज, पृ. 64)

❋ ❋ ❋

कष्ट-सहन

ईश्वर शांत है। क्या आप स्वर्ग से बिना श्रम किए कोई उपहार चाहते हैं ? कोई ऐसा उपहार चाहते हैं ? कोई ऐसा उपहार नहीं देगा। ईश्वर भी तुम्हें ऐसे उपहार नहीं भेजेगा; और यदि उसने भेज भी दिया तो उसका कोई उपयोग नहीं होगा।

—नागर में भाषण (1 जून, 1916)

(लोकमान्य तिलक : हिज राइटिंग्स एंड स्पीचेज, पृ. 190)

❋ ❋ ❋

कांग्रेस

कांग्रेस का लक्ष्य जनता की कांग्रेस होना है और इस उद्देश्य की पूर्ति तब तक नहीं होगी, जब तक कि प्रतिवर्ष अधिक-से-अधिक ऐसे लोगों और वर्गों से संपर्क स्थापित करने के प्रयत्न न किए जाएँ, जिन्होंने कि अभी तक आंदोलन में अधिक दिलचस्पी नहीं ली है। अगर जनसाधारण को कांग्रेस में लाया जाए तो यह संभव है कि वे सोशल कॉन्फ्रेंस के उद्देश्य को प्रत्यक्ष या अप्रत्यक्ष रूप से अपना समर्थन न दें। यही वह भय है, जिससे कि सामाजिक सुधार के समर्थकों ने कांग्रेस के लिए अपने कार्य के क्षेत्र को बहुत ही संकुचित दायरे में सीमित कर लिया है।

—मराठा, 3 नवंबर, 1895

❊ ❊ ❊

कांग्रेस सब जमातों की, सब धर्मों की संस्था है। उसका काम देश के तमाम लोगों का काम है। उसमें किसी एक ही धर्म, जाति या वर्ग के मत के प्रसार करने के लिए स्थान नहीं हो सकता।

—लोकमान्य तिलक : एक जीवनी, पृ. 86

❊ ❊ ❊

कानून

किसी भी कानून को भंग करने के लिए सदैव ही दंडों की व्यवस्था की जाती है, जिससे कि प्रजा कानूनों को मानती रहे। लेकिन जब कोई कानून ही अनैतिक होता है, और जब सरकार उसे कार्यान्वित करने की सोचने लगती है, तो फिर ऐसे अनैतिक कानूनों का उल्लंघन करना और सत्य, न्याय तथा धर्म में अपनी आस्था की परख करना आवश्यक हो जाता है। सत्य और न्यायप्रिय लोग कहते हैं कि ऐसे कानूनों की अवज्ञा करना पूर्ण रूप से हमारा कर्तव्य ही नहीं, पावन कर्तव्य है।

—श्रीमती अवंतिका गोखले कृत 'गांधीजी की जीवनी' की भूमिका (16 मार्च, 1918)

❊ ❊ ❊

जब कोई कानून न्याय और नैतिकता के आधार पर संगत हो और 20वीं शताब्दी के नैतिक आचरणों के अनुकूल लोकप्रिय हो तथा इन सभी सिद्धांतों के आधार पर उसे व्यवस्था दी गई हो, तभी वह कानून वैधानिक होगा, परंतु वह संवैधानिक नहीं माना जाएगा।

—लोकमान्य तिलक : हिज राइटिंग्स एंड स्पीचेज, पृ. 299

❊ ❊ ❊

स्वाभाविक रूप से यही समझा जाता है कि कानून के विरुद्ध विद्रोह करना अथवा कानूनों के अंतर्गत जारी किए गए सरकारी अधिकारियों के आदेशों की अवज्ञा

करना गैरकानूनी है, क्योंकि कानून शांति-व्यवस्था बनाए रखने के लिए बनाए गए हैं। —*श्रीमती अवंतिका गोखले कृत 'गांधीजी की जीवनी' की भूमिका (16 मार्च, 1918)*

* * *

काल की मर्यादा

काल की मर्यादा सिर्फ वर्तमान काल ही के लिए नहीं होती। ज्यों-ज्यों समय बदलता जाता है त्यों-त्यों व्यावहारिक धर्म में भी परिवर्तन होता जाता है। इसलिए जब प्राचीन समय की किसी बात की योग्यता या अयोग्यता का निर्णय करना हो, तब उस समय के धर्म-अधर्म-संबंधी विश्वास का भी अवश्य विचार करना पड़ता है।

—*श्रीमद्भगवद्गीता रहस्य अथवा कर्मयोगशास्त्र, पृ. 47*

* * *

किसान

हिंदुस्तान में किसान राष्ट्र की आत्मा है। उस पर पड़ी निराशा की छाया को हटाया जाए, तभी हिंदुस्तान का उद्धार हो सकता है। इसके लिए यह आवश्यक है कि हम यह अनुभव करें कि किसान हमारा है और हम किसान के हैं।

—*लोकमान्य तिलक, विश्वसूक्ति कोश, भाग 1, पृ. 263*

* * *

कृषि-नीति

भारत को जितने गन्ने की आवश्यकता है, वह यहीं उत्पन्न होना चाहिए; और उसे जितनी शक्कर की जरूरत है, वह यहीं बनाई जानी चाहिए। पर यह योजना बनाने और प्रोत्साहन तथा संरक्षण की सुनिश्चित नीति अपनाने की बात है। केवल एक स्वदेशी सरकार इस लक्ष्य को प्राप्त करना अपना कर्तव्य समझेगी। इसी प्रकार रबड़ के बगीचों के लिए भी रबड़ की चीजें बनाने के कारखाने समीप ही होने चाहिए। कृषि-संबंधी और औद्योगिक नीतियाँ साथ-साथ चलनी चाहिए। औद्योगिक और चुंगी-संबंधी नीतियों को भी एक-दूसरे का पूरक होना चाहिए। —*केसरी, 22 सितंबर, 1903 (बालगंगाधर तिलक, पृ. 316)*

* * *

क्रोध

समाज की वर्तमान अपूर्ण अवस्था में भी अनेक अवसरों पर देखा जाता है, कि जो काम शांति से हो जाता है, वह क्रोध से नहीं होता।

—*श्रीमद्भगवद्गीता रहस्य अथवा कर्मयोगशास्त्र, पृ. 391*

* * *

क्षत्रिय

क्षत्रिय राज्य की रक्षा करते थे। वे बाहरी आक्रमणों से तथा आंतरिक अव्यवस्था से राज्य की रक्षा किया करते थे।

—कानपुर में जनसभा (1 जनवरी, 1917)

(लोकमान्य तिलक : हिज राइटिंग्स एंड स्पीचेज, पृ. 243)

* * *

गति

एक मिट्टी का ढेला है। हम इसे विष्णु कहते हैं। हम इसे शिव भी कहते हैं। हम इसे इतना महत्त्व देते हैं कि लोग इन्हीं भावनाओं से इसकी पूजा किया करते हैं। गतिहीन स्थिति में यह मात्र मिट्टी का ढेला है। जमीन पर गिरने पर यह कष्ट में प्रयास और उत्सव द्वारा अपनी क्रिया, हम उसे कोई भी रूप दे सकते हैं। यदि हम उसे कोई रूप नहीं दे पाते तो इसमें भूल हमारी है। उसे रूप दिया जाना संभव है, जल्दी मत कीजिए।

—नागर में भाषण (1 जून, 1916)

(लोकमान्य तिलक : हिज राइटिंग्स एंड स्पीचेज, पृ. 211)

* * *

गीता

गीता पर मेरी धारणा यह है कि यह नीतिशास्त्र पर उपयोगी या प्रेरित ग्रंथ ही नहीं बल्कि श्रेष्ठतम ग्रंथ है और इसकी रूपरेखा कुछ-कुछ ग्रीन के 'प्रोलेग्मेना टु ईथिक्स' की रूपरेखा की ही तरह है। मैंने गीता के दर्शन की तुलना पश्चिम के धार्मिक और नैतिक दर्शन से बराबर की है और यह दिखाने का प्रयत्न किया है कि कम-से-कम कहने पर भी हमारा दर्शन पश्चिम के किसी भी दर्शन से हीन नहीं है।

—मांडले जेल से पत्र (1908)

* * *

जीव (कर्मकर्ता) भले ही ज्ञान और भक्ति के बल पर परमात्मा का अंग बन जाए, गीता उसे इस विश्व में कर्म करते रहने का उपदेश देती है। यह कर्म विश्व को उस विकास से सही मार्ग पर ले जाने के लिए करना है, जिसे ईश्वर ने विश्व के अनुसरण के लिए निर्धारित किया है।

—गीता-रहस्य पर वार्त्ता (अमरावती, 1917)

(लोकमान्य तिलक : हिज राइटिंग्स एंड स्पीचेज, पृ. 261)

* * *

निस्संदिग्ध रीति से वर्तमानकालीन हिंदू-धर्म के तत्त्वों को समझा देनेवाला गीता की जोड़ का दूसरा ग्रंथ संस्कृत साहित्य में है ही नहीं।

— श्रीमद्भगवद्गीता रहस्य अथवा कर्मयोगशास्त्र, पृ. 22 (प्रस्तावना)

* * *

मुझे पूर्ण विश्वास है कि वह ज्ञान, जो गीता में केंद्रित है और 700 श्लोकों में निबद्ध है, विश्व के किसी भी दर्शन से, चाहे वह पाश्चात्य हो या कोई और हो, कम नहीं है।

— धर्म के संबंध में व्याख्यान (बनारस, 3 जनवरी, 1906)
(लोकमान्य तिलक : हिज राइटिंग्स एंड स्पीचेज, पृ. 18)

* * *

यद्यपि गीता में सब विषयों का समावेश किया गया है, तथापि गीता पढ़ते समय उन लोगों के मन में कुछ गड़बड़ी-सी होती जाती है; तथापि जो श्रौतधर्म, स्मार्तधर्म, सांख्यशास्त्र, पूर्वमीमांसा, वेदांत, कर्मविपाक इत्यादि के उन प्राचीन सिद्धांतों की परंपरा से परिचित नहीं हैं कि जिनके आधार पर गीता के ज्ञान का निरूपण किया गया है। और जब गीता के प्रतिपादन की पद्धति ठीक-ठीक ध्यान में नहीं आती, तब वे लोग कहने लगते हैं कि गीता मानो बाजीगर की झोली है; अथवा शास्त्रीय पद्धति के प्रचार के पूर्व गीता की रचना हुई होगी; इसलिए उसमें ठौर-ठौर पर अधूरापन और विरोध दिखाई पड़ता है, अथवा गीता का ज्ञान ही हमारी बुद्धि के लिए अगम्य है।

— श्रीमद्भगवद्गीता रहस्य अथवा कर्मयोगशास्त्र, पृ. 442

* * *

वर्तमान भगवद्गीता शालिवाहन शक के लगभग पाँच सौ वर्ष पहले ही अस्तित्व में थी।

— श्रीमद्भगवद्गीता रहस्य अथवा कर्मयोगशास्त्र, पृ. 570

* * *

वास्तव में गीता के अंतर्गत ज्ञान और भक्ति का योग इस प्रकार होता है जैसे वायु में ऑक्सीजन, हाइड्रोजन व अन्य गैसों का योग समानुपात में होता है। गीता भी ज्ञान और भक्ति का उत्तम योग प्रस्तुत करती है।

— गीता-रहस्य पर वार्त्ता (अमरावती, 1917)
(लोकमान्य तिलक : हिज राइटिंग्स एंड स्पीचेज, पृ. 261-262)

* * *

श्रीकृष्णजी सरीखे महात्माओं के चरित्रों का नैतिक समर्थन करने के लिए महाभारत में कर्मयोगप्रधान, गीता उचित कारणों से, स्थान में रखी गई है। और गीता महाभारत का ही एक भाग होना चाहिए। वही अनुमान इन दोनों ग्रंथों की रचना की तुलना करने से अधिक दृढ़ हो जाता है।

—श्रीमद्भगवद्गीता रहस्य अथवा कर्मयोगशास्त्र, पृ. 511

❋ ❋ ❋

संदर्भ को ध्यान में रखे बिना पुस्तक का अध्ययन नहीं किया जाना चाहिए। भगवद्गीता जैसे ग्रंथ के अध्ययन के लिए यह बात विशेष रूप से आवश्यक है। विविध व्याख्याकर्ताओं ने इसकी अनेक व्याख्याएँ की हैं। मुझे विश्वास है कि इस ग्रंथ के लेखक या संकलनकर्ता ने इसे केवल एक ही अर्थ से लिखा है, बहुत-सी व्याख्याओं के लिए नहीं।

—गीता-रहस्य पर वार्ता (अमरावती, 1917)

(लोकमान्य तिलक : हिज राइटिंग्स एंड स्पीचेज, पृ.259-260)

❋ ❋ ❋

भागवतकार का सारा दारमदार भक्ति पर ही होने के कारण उन्होंने निष्काम कर्मयोग को भी भक्तियोग में ही ढकेल दिया है। और यह प्रतिपादन किया है कि अकेली भक्ति ही सच्ची निष्ठा है। परंतु भक्ति ही कुछ गीता का मुख्य प्रतिपाद्य विषय नहीं है। इसलिए भागवत के उपर्युक्त सिद्धांत या परिभाषा को गीता में घुसेड़ देना वैसा ही अयोग्य है, जैसाकि आम में शरीफे की कलम लगाना। गीता इस बात को पूरी तरह मानती है कि परमेश्वर के ज्ञान के सिवा और किसी भी अन्य उपाय से मोक्ष की प्राप्ति नहीं होती। और इस ज्ञान की प्राप्ति के लिए भक्ति एक सुगम मार्ग है; परंतु इसी मार्ग के विषय में आग्रह न कर गीता यह भी कहती है कि मोक्ष-प्राप्ति के लिए जिसे ज्ञान की आवश्यकता है, उसकी प्राप्ति—जिसे जो मार्ग सुगम हो, वह उसी मार्ग से कर ले।

—श्रीमद्भगवद्गीता रहस्य अथवा कर्मयोगशास्त्र, पृ. 453-454

❋ ❋ ❋

गीता और महाभारत

वर्तमान सात सौ श्लोकों की गीता वर्तमान महाभारत ही का एक भाग है; दोनों की रचना भी एक ही ने की है; और वर्तमान महाभारत में वर्तमान गीता को किसी ने बाद में मिला नहीं दिया है।

—श्रीमद्भगवद्गीता रहस्य अथवा कर्मयोगशास्त्र, पृ. 525

❋ ❋ ❋

गीता का तात्पर्य

जब भारतीय युद्ध में होनेवाले कुलक्षय और जातिक्षय का प्रत्यक्ष दृश्य पहले-पहल आँखों के सामने उपस्थित हुआ, तब अर्जुन अपने क्षात्रधर्म का त्याग करके संन्यास को स्वीकार करने के लिए तैयार हो गया था; और उस समय उसको ठीक मार्ग पर लाने के लिए श्रीकृष्ण ने वेदांतशास्त्र के आधार पर यह प्रतिपादन किया कि कर्मयोग ही अधिक श्रेयस्कर है। कर्मयोग में बुद्धि ही की प्रधानता है। इसलिए ब्रह्मात्मैक्यज्ञान से अथवा परमेश्वर-भक्ति से अपनी बुद्धि को साम्यावस्था में रखकर उस बुद्धि के द्वारा स्वधर्मानुसार सब कर्म करते रहने से ही मोक्ष की प्राप्ति हो जाती है। मोक्ष पाने के लिए इसके सिवा अन्य किसी बात की आवश्यकता नहीं है; और, इस प्रकार उपदेश करके, भगवान ने अर्जुन को युद्ध करने में प्रवृत्त कर दिया। गीता का यही यथार्थ तात्पर्य है। *— श्रीमद्भगवद्गीता रहस्य अथवा कर्मयोगशास्त्र, पृ. 509*

❋ ❋ ❋

गीता-धर्म

गीता-धर्म की विशेषता यह है कि गीता में वर्णित स्थितप्रज्ञ प्रवृत्तिमार्गावलंबी रहता है। परंतु इस विशेष गुण को थोड़ी देर के लिए अलग रख दें, और उक्त पुरुष के केवल मानसिक तथा नैतिक गुणों का ही विचार करें, तो गीता में स्थितप्रज्ञ, ब्रह्मनिष्ठ पुरुष के और भक्तियोगी पुरुष के जो लक्षण बतलाए हैं, उनमें—और निर्वाणपद के अधिकारी अर्हंतों के जो लक्षण भिन्न-भिन्न बौद्ध ग्रंथों में दिए हुए हैं, उनमें—विलक्षण समता दिखाई पड़ती है।
— श्रीमद्भगवद्गीता रहस्य अथवा कर्मयोगशास्त्र, पृ. 570-571

❋ ❋ ❋

गीता-धर्म कैसा है ? वह सर्वतोपरि निर्भय और व्यापक है। वह सम है। अर्थात् वर्ण, जाति, देश या किसी अन्य भेदों के झगड़े में नहीं पड़ता; किंतु सब लोगों को एक ही माप-तौल से समान सद्गति देता है। वह अन्य सब धर्मों के विषय में यथोचित सहिष्णुता दिखलाता है। *— श्रीमद्भगवद्गीता रहस्य अथवा कर्मयोगशास्त्र, पृ. 507*

❋ ❋ ❋

गीताध्ययन

जब आप किसी पुस्तक को पढ़ना और समझना चाहते हैं, विशेषकर 'गीता' जैसे महान् ग्रंथ को पढ़ना और समझना चाहें तो आप अपना मन पूर्वाग्रहों और पूर्वधारणाओं से मुक्त रखें।

— गीता-रहस्य पर वार्त्ता (अमरावती, 1917)
(लोकमान्य तिलक : हिज राइटिंग्स एंड स्पीचेज, पृ. 259-260)

❋ ❋ ❋

गीता-रहस्य

वर्षों से मेरी यह मान्यता थी कि भगवद्गीता पर आज जो भाष्य और टीकाएँ उपलब्ध हैं, उनमें से किसी में भी सही ढंग से गीता का रहस्य नहीं बताया गया है। अपनी इस मान्यता को मूर्तरूप देकर मैंने पाश्चात्य और पौर्वात्य तत्त्वज्ञान की तुलना करके गीता पर एक ग्रंथ लिखा।

—लोकमान्य तिलक : एक जीवनी, पृ. 158

❋ ❋ ❋

गुप्तचर

वे लोग, जिनके पीछे गुप्तचर परछाईं की भाँति लगे हैं, इस विचार से मन में सांत्वना ले आते हैं कि वह परमपिता परमात्मा जो सब-कुछ देखता है, जनता का गुप्तचर है। वह राजाओं और सरकारों पर दृष्टि रखता है और यह दैवी गुप्तचर देर-सवेर ब्रिटिश सरकार को न्याय करने के लिए बाध्य करेगा।

—शिवाजी अभिषेक दिवस पर भाषण (25 जून, 1907)
(लोकमान्य तिलक : हिज राइटिंग्स एंड स्पीचेज, पृ. 55)

❋ ❋ ❋

गोपालकृष्ण गोखले

गोखले की मृत्यु से हमारी कितनी बड़ी हानि हुई है, उसे व्यक्त करने के लिए हम यहाँ इकट्ठे हुए हैं। भारत-भूमि का यह हीरा, महाराष्ट्र का यह रत्न, देश के लिए काम करनेवाला हमारा श्रेष्ठ कार्यकर्ता, आज इस श्मशान-भूमि पर चिरंतन शांति के लिए सो रहा है। उसका दर्शन करो और उसके जैसा कार्य करने के लिए कटिबद्ध हो जाओ। उनके बताए हुए मार्ग पर अगर हम चलेंगे तो परलोक में भी उन्हें आनंद होगा।

— गोखले की मृत्यु पर प्रस्ताव
(लोकमान्य तिलक : एक जीवनी, पृ. 165)

❋ ❋ ❋

भारत का हीरा, महाराष्ट्र-रत्न, कार्यकर्ताओं का राजकुमार श्मशान में चिर विश्राम-रत है। उन्हें देखो और उनका अनुकरण करने का प्रयास करो। श्री गोखले अपने कर्तव्य को संतोषजनक ढंग से पूरा करके हमसे सदा के लिए विदा हो गए। क्या आपमें से कोई आगे बढ़कर उनका स्थान लेगा?

— गोखले की मृत्यु पर प्रस्ताव (10 मई, 1915)
(लोकमान्य तिलक : हिज राइटिंग्स एंड स्पीचेज, पृ. 349)

❋ ❋ ❋

मेरे अतिरिक्त संभवत: कोई और व्यक्ति श्री गोखले के मस्तिष्क और हृदय के गुणों को, देश-हित में उनकी समर्पण-भावना को, कर्तव्यनिष्ठा को, एक दृढ़ निश्चय को, किसी भी काम को हाथ में लेकर पूरा करने की सामर्थ्य के गुण को इतना नहीं जानता होगा।

—गोखले की मृत्यु पर प्रस्ताव (10 मई, 1915)
(लोकमान्य तिलक : हिज राइटिंग्स एंड स्पीचेज, पृ. 348)

* * *

वह (श्री गोखले) सभी उपस्थित लोगों की भाँति साधारण ही थे। वे अपनी प्रवृत्तिगत योग्यता के गौरवशाली बल पर इतनी उच्चता तक उठे थे। श्री गोखले हमारे बीच से चले गए, परंतु वे हमें प्रेरित करने के लिए बहुत-कुछ छोड़ गए हैं। हममें से प्रत्येक को अपने सामने उनका उदाहरण रखना चाहिए और उस रिक्ति को भरना चाहिए; यदि आप इस प्रकार उनसे प्रेरित होकर उनका अनुसरण करेंगे, इससे परलोक में उन्हें प्रसन्नता होगी।

—गोखले की मृत्यु पर प्रस्ताव (10 मई, 1915)
(लोकमान्य तिलक : हिज राइटिंग्स एंड स्पीचेज, पृ. 315)

* * *

हम जानते हैं कि सभी लोग गोखले नहीं हो सकते, परंतु सभी लोग औरत तो नहीं हैं, जिन्होंने हाथों में चूड़ियाँ पहन रखी हैं। वास्तव में हम गोखले के समकक्ष योग्यता के लोगों से परिचित हैं, परंतु दुर्भाग्य से उनमें भारत की भलाई के लिए गोखले जैसी निष्ठा और एकाग्रचित्त भक्ति नहीं है।

—गोखले की मृत्यु पर प्रस्ताव (10 मई, 1915)
(लोकमान्य तिलक : हिज राइटिंग्स एंड स्पीचेज, पृ. 348)

* * *

ग्रंथ-परीक्षा

ग्रंथ की दो प्रकार से परीक्षा की जाती है। एक अंतरंग परीक्षा और दूसरी बहिरंग परीक्षा कहलाती है। पूरे ग्रंथ को देखकर उसके मर्म, रहस्य, मतिथार्थ और प्रेम ढूँढ़ निकालना 'अंतरंग-परीक्षा' है। ग्रंथ को किसने और कब बनाया, उसकी भाषा सरस है या नीरस, काव्य-दृष्टि से उसमें माधुर्य गुण है या नहीं, शब्दों की रचना में व्याकरण पर ध्यान दिया गया है या उस ग्रंथ में अनेक आर्ध प्रयोग हैं, उसमें किन-किन मतों-स्थलों और व्यक्तियों का उल्लेख है, इन बातों से ग्रंथ के काल-निर्णय और तत्कालीन समाज-स्थिति का कुछ पता चलता है या नहीं, ग्रंथ के विचार स्वतंत्र हैं अथवा चुराए हुए हैं,

यदि उसमें दूसरों के विचार भरे हैं, तो वे कौन से हैं और कहाँ से लिए गए हैं, इत्यादि बातों के विवेचन को 'बहिरंग-परीक्षा' कहते हैं।

—श्रीमद्भगवद्गीता रहस्य अथवा कर्मयोगशास्त्र, पृ. 6

* * *

ग्रामीण प्रशासन

हमें ग्रामीण-प्रणाली से प्रशासन का आरंभ करना चाहिए; वर्तमान शासन में ग्रामीण प्रशासन की स्वायत्तता विविध प्रकार के विभागों के बना देने से नष्ट हो गई है। गाँव को स्वशासन की एक इकाई बनाया जाए, और गाँव के समुदायों या परिषदों को कुछ शक्तियाँ दी जाएँ, जिससे वे शिक्षा, न्याय, वन, आबकारी, अकाल-सहायता, पुलिस, चिकित्सा-सहायता और स्वच्छता-संबंधी बहुत-सी समस्याओं का समाधान स्वयं खोज सकें।

—राष्ट्रीय शिक्षा पर भाषण (1908)

(लोकमान्य तिलक : हिज राइटिंग्स एंड स्पीचेज, पृ. 85)

* * *

चिकित्सा

जब तक शरीर का केंद्र स्वस्थ नहीं होता, शरीर के किसी भाग पर स्थानीय उपचार सफल नहीं होता—अर्थात् पैर, हाथ या शरीर के किसी भी भाग पर लगाई औषधि काम नहीं करती।

— नासिक सम्मेलन में होमरूल प्रस्ताव पर भाषण (1917)

(लोकमान्य तिलक : हिज राइटिंग्स एंड स्पीचेज, पृ. 312-313)

* * *

जनता

अधिकारियों पर जनता का नियंत्रण तभी हो सकेगा, जबकि वेतन और पदों को देने का अधिकार जनता के हाथ में आ जाएगा। हमारे मूल सेवक आज स्वयं को स्वामी मान बैठे हैं। उन्हें प्रत्येक दशा में जनता का सेवक ही रहना है। यदि धन हमारा है तो उसे हमारी राय लेकर ही खर्च किया जाना चाहिए।

— लोकमान्य तिलक : हिज राइटिंग्स एंड स्पीचेज, पृ. 268

* * *

जनता को जाग जाना चाहिए और उत्साहपूर्वक काम पर लग जाना चाहिए। यदि वह ऐसा नहीं करेंगे, तो देश के लिए दुर्भाग्य होगा। वह केवल अपना ही नाश नहीं करेंगे, वरन् आनेवाली पीढ़ी को भी बरबाद करेंगे जो उसे कोसेगी। उसे अपना कर्तव्य अपने राष्ट्र के प्रति, आनेवाली पीढ़ी के प्रति और सबसे अधिक ईश्वर के प्रति करना है।

— नासिक सम्मेलन में होमरूल प्रस्ताव पर भाषण (1917)

(लोकमान्य तिलक : हिज राइटिंग्स एंड स्पीचेज, पृ. 300)

* * *

जनता के सेवक

स्वराज्य की माँग का यह अर्थ नहीं है कि इंग्लैंड-सम्राट् को भारत से हटा दिया जाए। इसके लिए आपको कहीं-कहीं अंग्रेज अधिकारी नियुक्त करने पड़ेंगे, यह माना जा सकता है। वह हमारे अधिकारी होंगे, जनता के होंगे और जनता के सेवक होंगे, वे हमारे स्वामी नहीं होंगे। *—नागर में भाषण (1 जून, 1916)*

(लोकमान्य तिलक : हिज राइटिंग्स एंड स्पीचेज, पृ. 208)

❊ ❊ ❊

जनता से

आपको अनुभव करना चाहिए कि आप उस शक्ति के महान् घटक हैं, जिससे भारत का शासन चलाया जाता है। आप ऐसी उपयोगी चिकनाई के समान हैं, जो प्रशासन की विशालकाय मशीन को इतनी निर्विघ्नता के साथ चलाने में सहायक हैं।

—शिवाजी अभिषेक दिवस पर भाषण (25 जून, 1907)

(लोकमान्य तिलक : हिज राइटिंग्स एंड स्पीचेज, पृ. 65)

❊ ❊ ❊

भारत के शिक्षा-शास्त्री अपनी विद्वत्ता और अपने अनुभवों से हमारी सहायता कर रहे हैं; अब समृद्ध लोगों का कर्तव्य है कि वे उन्हें आर्थिक सहायता दें। यह सर्वसाधारण की भलाई का मामला है। अच्छी शिक्षा पाकर आनेवाली पीढ़ी अच्छी बन जाए, अपनी जीविका सरलतापूर्वक कमाने लगे और राष्ट्र की सच्ची नागरिक बन जाए। यदि सरकार ऐसा करती तो हमें प्रसन्नता होती। यदि सरकार इसे नहीं करती है तो हमें ही उसे करना चाहिए।

—राष्ट्रीय शिक्षा पर भाषण (1908)

(लोकमान्य तिलक : हिज राइटिंग्स एंड स्पीचेज, पृ. 77-78)

❊ ❊ ❊

यदि आप अपनी जेब से एक रुपया का आत्म-त्याग इस आंदोलन के लिए नहीं कर सकते तो कम-से-कम आप यह भाषण सुनने न आएँ ताकि अनावश्यक रूप से आपके सामने उच्च स्वर से बोलने का कष्ट न करना पड़े।

—लोकमान्य तिलक : हिज राइटिंग्स एंड स्पीचेज, पृ. 216

❊ ❊ ❊

यदि आप एक बार यह अनुभव कर लें कि आप अपने घरेलू मामलों के वैसे ही स्वामी हैं जैसे दूसरे और लोग हैं, जैसे ब्रिटिश उपनिवेशों में या विश्व के अन्य क्षेत्रों में हैं, तो आपको अपने लक्ष्य की प्राप्ति में कोई बाधक नहीं हो सकेगा।

—कानपुर में जनसभा (1 जनवरी, 1917)

(लोकमान्य तिलक : हिज राइटिंग्स एंड स्पीचेज, पृ. 246)

❊ ❊ ❊

यदि एक लाला लाजपतराय को सरकार ने निर्वासित कर दिया तो दूसरे व्यक्ति को उतनी ही तत्परता से लालाजी का स्थान ग्रहण कर लेना चाहिए जैसे एक कनिष्ठ कलेक्टर अपने से वरिष्ठ कलेक्टर का स्थान ग्रहण कर लेता है।

—शिवाजी अभिषेक दिवस पर भाषण (25 जून, 1907)
(लोकमान्य तिलक : हिज राइटिंग्स एंड स्पीचेज, पृ. 66)

* * *

यद्यपि आप कुचल दिए गए हैं, और उपेक्षित हैं, आपको अपनी उस शक्ति के प्रति सचेत रहना चाहिए, जो प्रशासन को असंभव बना सकती है, यदि आप उसे असंभव बनाना चाहें। आप ही हैं जो रेलों, सड़कों, दूर-संचार को व्यवस्थित रखते हैं, आप ही मकान बनाते हैं और मालगुजारी वसूल करते हैं, वास्तव में आप लोग ही अधीनस्थ कर्मचारी के रूप में प्रशासन के लिए प्रत्येक काम करते हैं।

—लोकमान्य तिलक : हिज राइटिंग्स एंड स्पीचेज, पृ. 65

* * *

वर्तमान व्यवस्था के कारण हमारे सभी सद्‌गुण धीरे-धीरे लुप्त होते जा रहे हैं। हमें उन कामों को जो आज अंग्रेजी सरकार करती है, स्वयं करने की स्वतंत्रता होनी चाहिए, जिससे हमारे सद्‌गुण लुप्त न हो सकें, हमें करने के लिए नए कार्यों की खोज नहीं करनी चाहिए।

— नागर में भाषण (1 जून, 1816)
(लोकमान्य तिलक : हिज राइटिंग्स एंड स्पीचेज, पृ. 184)

* * *

जनमत

जनमत जैसी एक चीज होती है, जिससे स्वेच्छाचारी और तानाशाह भय खाते हैं, लेकिन ऐसा जनमत यहाँ उत्पन्न करने के लिए हमने कुछ नहीं किया है।

— बालगंगाधर तिलक, पृ. 288

* * *

जनहित

यदि शासक लोग प्रजा को उन्मुक्त भाव से सुविधाएँ प्रदान करें तो इससे उनका साम्राज्य नष्ट नहीं हो जाएगा, इतिहास में ऐसी किसी घटना का उल्लेख नहीं मिलता। यद्यपि कई साम्राज्य अधिक विलासिता, अत्यधिक नौकरशाही, अति विश्वास होने पर अथवा अन्य कारणों से नष्ट हुए हैं; परंतु कोई भी साम्राज्य प्रजा को कोई शक्ति प्रदान करने से कभी नष्ट नहीं होता।

— कलकत्ता में भाषण (2 जनवरी, 1907)
(लोकमान्य तिलक : हिज राइटिंग्स एंड स्पीचेज, पृ. 45)

* * *

जमशेदजी टाटा

अगर केवल धन कमाना ही आपका लक्ष्य है तो फिर आपको इस ओर ध्यान देने की आवश्यकता नहीं कि आप किन वस्तुओं का आयात और निर्यात कर रहे हैं, अथवा विशेष आयात और निर्यात की वस्तुओं से आपका देश धनी हो रहा है या निर्धन। आप केवल अपनी दलाली और लाभ की ही चिंता करते हैं। अधिकांश व्यवसायी अन्य बातों की ओर से नितांत बेखट होकर अपना व्यवसाय करते रहते हैं, और इस प्रकार धनी बन जाते हैं। दिवंगत जमशेदजी टाटा में ऐसे धनिक व्यापारियों के सभी गुण तो थे, लेकिन जो बात उन्हें देश की चिरकृतज्ञता का अधिकारी बना देती है, वही उनकी एक असाधारण विशेषता है। वह दूसरों की तरह केवल आढ़तिए की तरह ही व्यापार नहीं करते रहे थे। वह सदैव इन विचारों में उलझे रहते थे कि प्रतिवर्ष विदेशी वस्तुओं का आयात क्यों बढ़ता जा रहा है। वे यह जानने को आतुर थे कि क्या आयात की कुछ वस्तुओं का इसी देश में कुशलतापूर्वक निर्माण किया जा सकता है या नहीं और अगर हमारे मार्ग में कोई बाधाएँ हैं तो उन्हें कैसे दूर किया जा सकता है ? इस प्रकार वे सबके परे ऐसी बाधाओं को हटाने के लिए अपने जेब से भी खर्च करने को तत्पर थे। यही उनकी महान् और असाधारण विशेषता थी और अगर अन्य धनी व्यापारी और रजवाड़े इसे आत्मसात कर लें तो निर्धनता और मुसीबत के वे दिन, जिनसे कि देश गुजर रहा है, तुरंत ही समाप्त हो जाएँगे।

—केसरी (24 मई, 1908)

❋ ❋ ❋

वैज्ञानिक शोधों को प्रोत्साहन देने के बारे में दिवंगत जमशेदजी टाटा कितने उदार थे, यह इस बात से पता चलता है कि उन्होंने बंगलौर के टाटा इंस्टीट्यूट ऑफ साइंस एंड रिसर्च की स्थापना के दिन 30 लाख रुपए की रकम एक बार ही में दे दी थी। लेकिन किसी को यह नहीं सोच लेना चाहिए कि उनकी महानता यहीं समाप्त हो जाती है। उन्होंने स्वयं किसी भी राजनीतिक कार्य में इसलिए कभी भाग नहीं लिया था, शायद उनका झुकाव राजनीति की तरफ नहीं था अथवा वे अन्य कार्यों को राजनीतिक कार्य से अधिक महत्त्वपूर्ण समझते थे।

—केसरी (24 मई, 1908)

(बाल गंगाधर तिलक, पृ. 317)

❋ ❋ ❋

जागरूकता

अपने हितों की रक्षा के लिए यदि हम स्वयं जागरूक नहीं होंगे तो दूसरा कौन होगा ? हमें इस समय सोना नहीं चाहिए, हमें अपने लक्ष्य की पूर्ति के लिए प्रयत्न करना चाहिए।

—कानपुर में जनसभा (1 जनवरी, 1917)

(लोकमान्य तिलक : हिज राइटिंग्स एंड स्पीचेज, पृ. 254)

❋ ❋ ❋

जाति

समाज में मान-सम्मान पाने के लिए गुण ही ज्यादा प्रभावी सिद्ध होते हैं, जाति नहीं। हर बात में जाति का अड़ंगा डालने की बहुत बुरी आदत हमें पड़ गई है। आज जो हैं, वे ही जातियाँ काफी हैं। अब कम-से-कम राजनीति में तो हम जातियाँ पैदा न करें। आनेवाले जमाने का शिवाजी यदि मुसलमान के घर में पैदा होता है तो मुझे बिलकुल बुरा नहीं लगेगा। हमें गुणों की चाह है, जाति की नहीं।

—धार्मिक मतें

—विश्वसूक्ति कोश, भाग 1 में उद्धृत, पृ. 352

* * *

जिज्ञासा

जब तक पहले ही से इस बात का अनुभव न कर लिया जाए कि अमुक काम में अमुक रुकावट है, तब तक उस रुकावट से छुटकारा पाने की शिक्षा देनेवाले शास्त्र का महत्त्व ध्यान में नहीं आता, और महत्त्व को न जानने से केवल रटा हुआ शास्त्र समय पर ध्यान में रहता भी नहीं है। यही कारण है कि जो सद्गुरु हैं, वे पहले यह देखते हैं कि शिष्य के मन में जिज्ञासा है या नहीं, और यदि जिज्ञासा न हो, तो वे पहले उसी को जाग्रत् करने का प्रयत्न किया करते हैं।

—श्रीमद्भगवद्गीता रहस्य अथवा कर्मयोगशास्त्र, पृ. 51

* * *

यदि किसी मनुष्य को किसी शास्त्र के जानने की इच्छा पहले ही से न हो, तो वह उस शास्त्र के ज्ञान को पाने का अधिकारी नहीं हो सकता। ऐसे अधिकाररहित मनुष्य को उस शास्त्र की शिक्षा देना मानो चलनी में दूध दुहना ही है। शिष्य को तो इस शिक्षा से कुछ लाभ होता ही नहीं, परंतु गुरु को भी निरर्थक श्रम करके समय नष्ट करना पड़ता है।

—श्रीमद्भगवद्गीता रहस्य अथवा कर्मयोगशास्त्र, पृ. 51

* * *

ज्ञान

ज्ञान को हम निर्धनता की श्रेणी में नहीं ला सकते, क्योंकि इसमें प्रत्येक प्रकार के धन को प्राप्त करने की असीमित क्षमता होती है।

—शिवाजी अभिषेक दिवस पर भाषण (25 जून, 1907)

(लोकमान्य तिलक : हिज राइटिंग्स एंड स्पीचेज, पृ. 59)

* * *

यदि कोई गाय के लिए लाया हुआ चारा ब्राह्मण को दे; और ब्राह्मण के लिए बनाई गई रसमलाई गाय को खिलाने लगे, तो क्या उसे पंडित कहेंगे?

—श्रीमद्भगवद्गीता रहस्य अथवा कर्मयोगशास्त्र, पृ. 375

* * *

डोमिनियन स्टेट्स

यह आंदोलन राष्ट्र के इतिहास में क्रांति करनेवाला है। इस आंदोलन के कारण हमारे आपसी झगड़े मिट जाएँगे और लोकनायकों में एकता पैदा होगी। जैसे नदी में जब बाढ़ आती है, तब उसका पानी इधर-उधर फैल जाता है, उसी प्रकार इस प्रचंड आंदोलन में कानूनी मर्यादा का उल्लंघन कहीं-कहीं हो सकता है। किंतु बंगालियों की इज्जत हमारी इज्जत है, यह समझकर हमें उनकी सहायता करनी चाहिए। उन्होंने जो बहिष्कार शुरू किया है उसकी ओर इंग्लैंड के लोगों का भी ध्यान गया है और उसका परिणाम भी अच्छा हुआ है। हमें भी कष्ट उठाकर स्वदेशी को अपनाना चाहिए। हिंदुस्तान को 'डोमिनियन स्टेट्स' (औपनिवेशिक स्वराज्य) मिलना ही चाहिए।

—कांग्रेस अधिवेशन, वाराणसी (दिसंबर 1905)

* * *

थियोसॉफिस्ट

थियोसॉफिस्टों ने हिंदू-धर्म के मौलिक सिद्धांतों को नूतन और आकर्षक परिवेश में प्रस्तुत कर हिंदू-धर्म की जो सेवा की है, हमें इसके लिए उनका कृतज्ञ होना चाहिए। यह स्मरण रखा जाना चाहिए कि थियोसॉफी उन बहुत से लोगों को पुनः हिंदू-धर्म में ले आई है जो कि उससे विमुख हो गए थे और प्रेरणा के लिए अन्यत्र देखने लगे हैं। *—केसरी (मार्च 1904)*

* * *

थियोसॉफी

थियोसॉफी (ब्रह्मविद्या) कोई स्वतंत्र धर्म नहीं है। थियोसॉफी कहती है कि हिंदुओं, मुसलमानों, ईसाइयों, पारसियों, बौद्धों और जैनों को अपने दैनिक जीवन में अपने-अपने धर्मों का अनुसरण करना चाहिए, लेकिन उन्हें सभी धर्मों के आधारभूत सिद्धांतों की समानता स्वीकार करनी चाहिए और परस्पर शांतिपूर्वक रहना चाहिए। थियोसॉफी किसी से अपना पैतृक धर्म छोड़ने को नहीं कहती। यह सदाशय और उदारहृदय लोगों का संगठन है, जो मानव-बंधुत्व और एकेश्वर का उपदेश देता है। थियोसॉफिस्ट लोग कुछ ऐसे निगूढ़ रहस्यवादी सिद्धांतों में विश्वास करते हैं, जिन्हें कि बहुत से लोग ठीक नहीं मानते। *—केसरी (मार्च 1904)*

* * *

दंड

व्यवहार अथवा कानून कायदे में भी खूनी आदमी को फाँसी की सजा देनेवाले न्यायाधीश को कोई भी उसका दुश्मन नहीं कहता।

—श्रीमद्‌भगवद्‌गीता रहस्य अथवा कर्मयोगशास्त्र, पृ. 393

* * *

दादाभाई नौरोजी

दादाभाई के बारे में एक बात हमें खास तौर से याद रखनी चाहिए। वह फुरसत के समय काम करनेवाले नेता नहीं हैं। सब लोगों का सहयोग प्राप्त करके तथा सभी के दृष्टिकोण को ध्यान में रखकर देश-कार्य करना, यही उनका जीवन-व्रत है। देश में पैदा हुई वर्तमान जागृति पर वह कभी ठंडा पानी नहीं डालेंगे। राष्ट्रीय आंदोलन को दादाभाई के आगमन से पुष्टि ही मिलेगी।

— *'दादाभाई भी और क्या कहनेवाले हैं' लेख से*
(लोकमान्य तिलक : एक जीवनी, पृ. 133)

✻ ✻ ✻

दान

दान करने को अपना धर्म (दातव्य) समझकर निष्काम-बुद्धि से दान करना, और कीर्ति के लिए तथा अन्य फल की आशा से दान करना, इन दो कृत्यों का बाहरी परिणाम यद्यपि एक-सा ही है, तथापि श्रीमद्भगवद्गीता में पहले दान को सात्त्विक और दूसरे को राजस कहा है। और यह भी कहा गया है कि यदि वही दान कुपात्रों को दिया जाए, तो वह तामस है। — *श्रीमद्भगवद्गीता रहस्य अथवा कर्मयोगशास्त्र, पृ. 86-87*

✻ ✻ ✻

दुःख

सुख-दुःखों को चाहे आप द्विविध मानिए अथवा त्रिविध। इसमें संदेह नहीं कि दुःख की चाह किसी मनुष्य को नहीं होती।

— *श्रीमद्भगवद्गीता रहस्य अथवा कर्मयोगशास्त्र, पृ. 96*

✻ ✻ ✻

दुःख-सुख

सुख और दुःख में बड़ा फर्क है। अगर आपके दुःख को बँटाने के लिए मित्र मिल जाते हैं तो वह कम हो जाता है, लेकिन अगर आपके सुख को बँटाने के लिए मित्र मिल जाते हैं तो वह बढ़ जाता है। — *पूना में सार्वजनिक सभा (20 जून, 1914)*
— *बालगंगाधर तिलक, पृ. 348*

✻ ✻ ✻

देवनागरी

मुद्रित पुस्तकों में पाई जानेवाली देवनागरी, प्राचीनतम लिपि है; अतएव यह सभी आर्यन भाषाओं की सामान्य लिपि बनने की अधिकारिणी है।

— *नागरी प्रचारिणी सभा, वाराणसी में भाषण (दिसंबर 1905)*
(लोकमान्य तिलक : हिज राइटिंग्स एंड स्पीचेज, पृ. 5)

✻ ✻ ✻

यूरोप के संस्कृत विद्वानों ने घोषणा की है कि देवनागरी लिपि यूरोप की किसी अन्य लिपि की अपेक्षा अधिक पूर्ण है। इतनी स्पष्ट सम्मति के होते हुए भी, यह हमारे लिए आत्मघाती होगा कि हम किसी और लिपि को अपनाएँ और उसे भारत की आर्य भाषाओं के लिए सामान्य लिपि के रूप में स्वीकार करें। *—नागरी प्रचारिणी सभा, वाराणसी में भाषण (दिसंबर 1905)*

—लोकमान्य तिलक : हिज राइटिंग्स एंड स्पीचेज, पृ. 7

❋ ❋ ❋

वर्णों और ध्वनियों का ऐसा वर्गीकरण, जिस पर भारत में बहुत अधिक श्रम किया गया है और जिसे पाणिनि में पूर्णता प्राप्त हुई है, विश्व की किसी अन्य भाषा में उपलब्ध नहीं है। यह दूसरा कारण है कि क्यों देवनागरी वर्णमाला हमारे द्वारा प्रयुक्त सभी ध्वनियों को प्रकट करने में सक्षम है?

—नागरी प्रचारिणी सभा, वाराणसी में भाषण (दिसंबर 1905)

(लोकमान्य तिलक : हिज राइटिंग्स एंड स्पीचेज, पृ. 7)

❋ ❋ ❋

देवियाँ

यदि हम योगशास्त्र का अवलोकन करें तो पता चलता है कि देवियों पर विजय पाई जा सकती है। वे प्रारंभ में हमें डराने लगती हैं। यदि न डरें और सफल हो जाएँ तो सभी कुछ ठीक रहता है। यदि उनसे भयभीत हुए बिना दृढ़तापूर्वक काम करते रहें तो योगशास्त्र की देवियाँ प्रसन्न हो जाती हैं।

—लोकमान्य तिलक : हिज राइटिंग्स एंड स्पीचेज, पृ. 189

❋ ❋ ❋

देशभक्त

जो देशभक्त आवश्यक सुधार लाना चाहता है, उसे बड़ी-बड़ी कठिनाइयों का सामना करना पड़ता है। वह हमेशा परेशान-सा बना रहता है और वह उत्कृष्ट रूप से सुधार चाहता है। वह महसूस करता है कि कानूनों का पालन न करना उचित नहीं है और वह स्वयं को एक अजीब धर्मसंकट में पाता है।

—श्रीमती अवंतिका गोखलेकृत गांधीजी की जीवनी की भूमिका (16 मार्च, 1918)

❋ ❋ ❋

धनी

मुझे धनिकों में अधिक विश्वास नहीं है। पैसा-कोष के लिए धन जमा करते हुए

हमें अनुभव हुआ है कि धन देने के लिए धनिकों की अपेक्षा निर्धन लोग अधिक क्षिप्रगति और स्वेच्छा से अपने हाथ अपनी जेबों में डालते हैं। यह बात मैं आपसे इसलिए कहता हूँ कि मैं भी एक निर्धन व्यक्ति हूँ।

—लोकमान्य तिलक : हिज राइटिंग्स एंड स्पीचेज, पृ. 269

❋ ❋ ❋

धर्म

जब तक आप लोग बँटे रहेंगे, तब तक एक संप्रदाय दूसरे संप्रदाय के साथ संबंध स्थापित नहीं करेगा, आप हिंदू-धर्म की उन्नति की आशा नहीं कर सकते। राष्ट्रीयता के लिए धर्म अनिवार्य तत्त्व है। 'धर्म' शब्द का अर्थ है एक बंधन जो 'धृ' धातु से बना है; 'धृ' का अर्थ है धारण करना या वहन करना। वह क्या है, जिसे हम धारण करें? हमें आत्मा का परमात्मा से संबंध धारण करना है और मनुष्य-का-मनुष्य के साथ संबंध धारण करना है। धर्म का अर्थ है कि हम ईश्वर और मनुष्य के प्रति अपने कर्तव्यों को धारण करें अर्थात् उनका निर्वाह करें। *—धर्म के संबंध में व्याख्यान (बनारस, 3 जनवरी, 1906)*

(लोकमान्य तिलक : हिज राइटिंग्स एंड स्पीचेज, पृ. 13)

❋ ❋ ❋

तुम धर्म को धोखा नहीं दे सकते। तुम खुद धोखा खा जाओगे।

—श्रीमद्‍भगवद्‍गीता रहस्य अथवा कर्मयोगशास्त्र, पृ. 33

❋ ❋ ❋

धर्म-अधर्म का ज्ञान मनुष्य का अर्थात् बुद्धिमान प्राणियों का ही विशिष्ट गुण है—इस वचन का तात्पर्य और भावार्थ भी वही है। किसी गधे या बैल के कर्मों को देखकर हम उसे उपद्रवी तो बेशक कहा करते हैं; परंतु जब वह धक्का देता है, तब उस पर कोई नालिश करने नहीं जाता। इसी तरह किसी नदी को—उसके परिणाम की ओर ध्यान देकर—हम भयंकर अवश्य कहते हैं; परंतु जब उसमें बाढ़ आ जाने से फसल बह जाती है, तो 'अधिकांश लोगों की अधिक हानि' होने के कारण कोई उसे दुराचारिणी, लुटेरी या अनीतिमान् नहीं कहता। —श्रीमद्‍भगवद्‍गीता रहस्य अथवा कर्मयोगशास्त्र, पृ. 473

❋ ❋ ❋

यदि यह धर्म छूट जाए, तो समझ लेना चाहिए कि समाज के सारे बंधन भी टूट गए; और यदि समाज के बंधन टूटे, तो आकर्षणशक्ति के बिना आकाश में सूर्यादि ग्रहमालाओं की जो दशा होती है, अथवा समुद्र में मल्लाह के बिना नाव की जो दशा हो जाती है, ठीक वही दशा समाज की भी हो जाती है। इसलिए उक्त शोचनीय अवस्था में पड़कर समाज को नाश से बचाने के लिए व्यासजी ने कई स्थानों पर कहा है कि यदि अर्थ या द्रव्य पाने की इच्छा हो, तो 'धर्म के द्वारा' अर्थात् समाज की रचना को न

बिगाड़ते हुए प्राप्त करो; और यदि काम आदि वासनाओं को तृप्त करना हो, तो वह भी 'धर्म से ही' करो।

—श्रीमद्भगवद्गीता रहस्य अथवा कर्मयोगशास्त्र, पृ. 66

* * *

धर्म और सत्य

यद्यपि मनुष्य-देह दुर्लभ और नाशवान् भी है, तथापि जब उसका नाश करके उससे भी अधिक किसी शाश्वत वस्तु की प्राप्ति कर लेनी होती है, (जैसे देश, धर्म और सत्य के लिए अपनी प्रतिज्ञा, व्रत और बिरद की रक्षा के लिए एवं इज्जत, कीर्ति और सर्वभूतहित के लिए) तब ऐसे समय पर अनेक महात्माओं ने इस तीव्र कर्तव्याग्नि में आनंद से अपने प्राणों की भी आहुति दे दी है।

—गीता-रहस्य अथवा कर्मयोगशास्त्र, पृ. 40

* * *

धार्मिक शिक्षा

चरित्र का निर्माण करने के लिए केवल धर्मनिरपेक्ष शिक्षा पर्याप्त नहीं है। धार्मिक शिक्षा आवश्यक है, क्योंकि उच्च धार्मिक सिद्धांतों का अध्ययन हमें बुरे कार्यों से दूर रखता है। धर्म से सर्वशक्तिमान परमात्मा के स्वरूप का बोध होता है। हमारा धर्म कहता है कि मनुष्य अपने कर्म की श्रेष्ठता के आधार पर देवता बन सकता है।

—राष्ट्रीय शिक्षा पर भाषण (1908)

(लोकमान्य तिलक : हिज राइटिंग्स एंड स्पीचेज, पृ. 73)

* * *

यदि कोई व्यक्ति अपने धर्म से अनभिज्ञ हो तो वह अपने धर्म पर गर्व कैसे कर सकता है कि समूचे देश पर ईसाई मिशनरियों का प्रभाव पड़ चुका है। हमने इस संबंध में बहुत विलंब होने तक भी विचार नहीं किया कि हमें सही प्रकार की शिक्षा मिल रही है या नहीं।

—राष्ट्रीय शिक्षा पर भाषण (1908)

(लोकमान्य तिलक : हिज राइटिंग्स एंड स्पीचेज, पृ. 70)

* * *

सरकार हमें धार्मिक शिक्षा नहीं दे सकती; और यह अच्छा ही है कि वह ऐसा नहीं कर रही है; क्योंकि वे हमारे सहधर्मावलंबी नहीं हैं। हमें ऐसी शिक्षा नहीं मिल रही है, जो हममें राष्ट्रभक्ति की भावना पैदा कर सके।

—राष्ट्रीय शिक्षा पर भाषण (1908)

(लोकमान्य तिलक : हिज राइटिंग्स एंड स्पीचेज, पृ. 71)

* * *

नरम-गरम दल

गरम और नरम दोनों दलों के लोगों को यह याद रखना चाहिए कि दोनों की इच्छा देश का कल्याण करने की ही है। दोनों के बीच मतभेद होना स्वाभाविक है। यह मतभेद केवल आवश्यक ही नहीं है, बल्कि संस्था के आरोग्य के लिए पोषक भी है।''' नरम दल को यह याद रखना चाहिए कि सरकार उसे गरम दल के अस्तित्व के कारण ही मान्यता देती है, और इससे उसे लाभ होता है। इसी तरह नरम दल की प्रतिष्ठा तथा मान्यता से गरम दल को भी लाभ हो सकता है। इसीलिए अगर इस लाभ के साथ कुछ हानि भी हो तो उसे भी सहन करना जरूरी है।

—लोकमान्य तिलक : एक जीवनी, पृ. 152

* * *

नाम

जब तक विचार एक है, नामों से कोई अंतर नहीं आता।

—नासिक सम्मेलन में होमरूल प्रस्ताव पर भाषण (1917)
(लोकमान्य तिलक : हिज राइटिंग्स एंड स्पीचेज, पृ. 296)

* * *

नायक

प्रत्येक नायक चाहे वह भारतीय हो या यूरोपियन, अपने समय की भावनानुसार कार्य करता है। अगर यह सिद्धांत स्वीकार कर लिया जाए तो शिवाजी के जीवन में हम कुछ भी ऐसा नहीं पा सकते, जिस पर कि किसी को भी आपत्ति हो।

—क्या शिवाजी राष्ट्रनायक नहीं हैं? लेख से (मराठा, 24 जून, 1906)
(लोकमान्य तिलक : हिज राइटिंग्स एंड स्पीचेज, पृ. 31)

* * *

नित्यधर्म

नित्यधर्म को पहचानकर, केवल कर्तव्य समझ करके, सर्वभूतहित के लिए प्रयत्न करनेवाले सैकड़ों महात्मा और कर्ता या वीर पुरुष जब इस पवित्र भारतभूमि को अलंकृत किया करते थे, तब यह देश परमेश्वर की कृपा का पात्र बनकर न केवल ज्ञान के वरन ऐश्वर्य के भी शिखर पर पहुँच गया था। और कहना नहीं होगा कि जबसे दोनों का साधक यह श्रेयस्कर धर्म छूट गया है, तभी से इस देश की निकृष्टावस्था का आरंभ हुआ है।

—श्रीमद्भगवद्गीता रहस्य अथवा कर्मयोगशास्त्र, पृ. 507-508

* * *

निर्बल

गरीब जनता स्वयं अपनी रक्षा नहीं कर सकती। जब एक वर्ग दूसरे वर्ग पर अत्याचार करता हो तो सरकार का कर्तव्य है कि वह पीड़ित वर्ग की रक्षा करे।

—लोकमान्य तिलक : हिज राइटिंग्स एंड स्पीचेज, पृ. 265

* * *

निष्ठा

जो कर्म पहले चित्त की शुद्धि के लिए किया जाता है, वह साधन कहलाता है। इस कर्म से चित्त की शुद्धि होती है; और अंत में ज्ञान तथा शांति की प्राप्ति होती है। परंतु यदि कोई मनुष्य इस ज्ञान में ही निमग्न न रहकर शांतिपूर्वक मृत्युपर्यंत निष्कामकर्म करता चला जावे, तो ज्ञानयुक्त-निष्कामकर्म की दृष्टि से उसके इस कर्म को निष्ठा कह सकते हैं।

—श्रीमद्भगवद्गीता रहस्य अथवा कर्मयोगशास्त्र, पृ. 413

* * *

नीति

जब किसी धर्मकृत्य के लिए या लोकोपयोगी कार्य के लिए कोई लखपति मनुष्य हजार रुपए चंदा देता है; और कोई गरीब मनुष्य एक रुपया चंदा देता है; तब हम लोग उन दोनों की नैतिक योग्यता एक समान ही समझते हैं।

—श्रीमद्भगवद्गीता रहस्य अथवा कर्मयोगशास्त्र, पृ. 475

* * *

नीतिशास्त्र

वर्तमान समय के नीतिशास्त्र किसी को धोखा देकर या भुलाकर धर्मभ्रष्ट करना न्याय नहीं मानेंगे; परंतु वे भी यह कहने को तैयार नहीं हैं कि सत्यधर्म अपवादरहित है।

—श्रीमद्भगवद्गीता रहस्य अथवा कर्मयोगशास्त्र, पृ. 35

* * *

नेता

जहाँ कहीं भी और जब कभी भी स्वतंत्रता को अंधकार में फेंका गया, वहाँ के नेताओं का यही कर्तव्य रहा कि उन्होंने उस पर लगे जंग को साफ किया और लोगों को उसकी आभा का बोध कराया।

—लोकमान्य तिलक : हिज राइटिंग्स एंड स्पीचेज, पृ. 354

* * *

नौकरशाही

उन्होंने (अंग्रेज शासकों ने) भारत में शांति स्थापित की, रेलवे, टेलीग्राफ और दूसरी सुविधाएँ दीं। इन सब बातों का श्रेय नौकरशाही को जाता है; परंतु नौकरशाही ने भारतीय जनता को ऐसा कुछ नहीं दिया, जो उनकी राष्ट्रीयता की भावना विकसित करता। उन्होंने ऐसा कुछ नहीं किया, जिससे भारतीय अपने पैरों पर खड़े हो पाते।

—लोकमान्य तिलक : हिज राइटिंग्स एंड स्पीचेज, पृ. 285

✻ ✻ ✻

नौकरशाही ने भी हमारे देश में कुछ अच्छा कार्य किया है। इसने भारत में अपने जंगल को साफ किया है। इस जंगल को साफ करने के बाद इसमें बीज बोना है। यदि वह बीज नहीं बोना चाहता तो हमें उस स्वच्छ भूमि को खेती-बाड़ी के लिए उपयोग में लाना चाहिए।

—लखनऊ में थियोसोफिकल कन्वेंशन में भाषण (30 दिसंबर, 1916)
(लोकमान्य तिलक : हिज राइटिंग्स एंड स्पीचेज, पृ. 220-230)

✻ ✻ ✻

नौकरशाही समाप्त कर देनी चाहिए। एक-दो व्यक्तियों को शासन में नियुक्त कर देने से हमें संतोष नहीं होगा। हमें आगे बढ़ने दीजिए। यह प्रणाली किसने चलाई? सम्राट् ने तो इस नौकरशाही को नहीं चलाया। रानी ने तो ब्रिटेन और भारत के लिए एक ही नीति की घोषणा की थी और वर्तमान शासन-प्रणाली उसके बिलकुल विरुद्ध है।

—अहमदनगर में भाषण (31 मई, 1916)
(लोकमान्य तिलक : हिज राइटिंग्स एंड स्पीचेज, पृ. 156)

✻ ✻ ✻

स्वशासन के अधिकार भारत के किसी भी संप्रदाय को क्यों न सौंप दिए जाएँ, मुझे बिलकुल चिंता नहीं होगी। लड़ाई सत्तावाले समुदाय और भारत के शेष समुदायों के बीच रहेगी। यह लड़ाई ऐसी नहीं होगी जैसी त्रिकोणीय लड़ाई अब हो रही है। हमें ये अधिकार शक्तिशाली और अवांछित नौकरशाही से प्राप्त करने होंगे। यह नौकरशाही अवांछित है, क्योंकि यह अनुभव करने लगी है कि ये अधिकार, सुविधाएँ और सत्ता उसके हाथ से निकल जाएगी। *—राष्ट्रीय कांग्रेस के अवसर पर भाषण (1916)*
(लोकमान्य तिलक : हिज राइटिंग्स एंड स्पीचेज, पृ. 223)

✻ ✻ ✻

न्यायाधीश

जब न्यायाधीश न्यायासन पर बैठता है, तब उसकी बुद्धि में न्यायदेवता की प्रेरणा

हुआ करती है, और वह उसी प्रेरणा के अनुसार न्याय किया करता है। परंतु जब कोई न्यायाधीश इस प्रेरणा का अनादर करता है, तभी उससे अन्याय हुआ करते हैं। न्यायदेवता के सदृश ही करुणा, दया, परोपकार, कृतज्ञता, कर्तव्य-प्रेम, धैर्य आदि सद्‍गुणों की जो स्वाभाविक मनोवृत्तियाँ हैं, वे भी देवता हैं। प्रत्येक मनुष्य स्वभावतः इन देवताओं के शुद्ध स्वरूप से परिचित रहता है। परंतु यदि लोभ, द्वेष, मत्सर आदि कारणों से वह इन देवताओं की प्रेरणा की परवाह न करे, तो अब देवता क्या करें? *—गीता-रहस्य अथवा कर्मयोगशास्त्र, पृ. 124*

* * *

पत्नी का वियोग

यह सच है कि संकट आते हैं तो मैं उन्हें शांति से सहन कर लेने का आदी हूँ। इस समाचार ने तो, दरअसल, मुझे भूकंप-जैसा हिला दिया। हम लोग हैं तो हिंदू ही न! पति से पहले पत्नी गुजर गई, यह भला ही हुआ, हर कोई मानता है। किंतु मुझे सबसे बड़ा दुःख तो इस बात का है कि उसके अंतिम समय में मैं उसके पास नहीं रह सका। मुझे सदा इसी बात का डर बना रहता था और आखिर हुआ भी यही। होनहार को कौन मिटा सकता है? मेरे जीवन का एक भाग समाप्त हुआ और मुझे अब महसूस होता है कि दूसरा भाग भी अब शीघ्र ही समाप्त होने जा रहा है।

—पत्नी की मृत्यु की सूचना पर (8 जून, 1912)

* * *

पत्रकार

पत्रकार के सिर पर भारी जिम्मेवारी होती है। उसमें जोखिम भी अवश्य है, मगर उसे पार किए बिना तो चारा ही नहीं।

—लोकमान्य तिलक : एक जीवनी, पृ. 152

* * *

पत्रकारिता

हम लोग केवल पैसा कमाने की दृष्टि से ही अखबार नहीं चलाते, बल्कि मौजूदा विषयों की ओर सार्वजनिक प्रश्नों की खुली चर्चा करके लोकमत जाग्रत करने के लिए चलाते हैं। *—लोकमान्य तिलक: एक जीवनी, पृ. 152*

* * *

परतंत्रता

अब तक इंग्लैंड के लोग यही सोचते रहे हैं कि भारत से जितना लाभ कमाया जा सके कमाते रहना चाहिए और फिर भी भारत उनके लिए एक बोझ बना हुआ था। इंग्लैंड के लोग सोचा करते थे कि भारत के 30 करोड़ लोग कुछ ही समय में या कुछ

समय बाद उनके शासन को उखाड़ फेंकेंगे, इसलिए भारत के लोगों को निःशस्त्र रखा जाए, उन्हें दास बनाकर रखा जाए और जितना भी संभव हो, नियंत्रण में रखा जाए। *—अहमदनगर में भाषण (31 मई, 1916)*

* * *

घर से संबंधित कोई काम हो तो हम घर में उसे बड़े अधिकार से करते हैं। यदि हम ऐसा काम करना चाहते हैं, जो पूरी तरह से व्यक्तिगत हो, तो इस संबंध में मुझे किसी से पूछना नहीं पड़ेगा और न किसी की आज्ञा लेनी होगी और न किसी से परामर्श ही लेना होगा। आज स्वराज्य न होने के कारण जनता से संबंधित मामलों में ऐसी व्यवस्था नहीं है।

—अहमदनगर में भाषण (31 मई, 1916)
(लोकमान्य तिलक : हिज राइटिंग्स एंड स्पीचेज, पृ. 142)

* * *

दूसरे के मुँह से पानी नहीं पिया जा सकता। हमें पानी स्वयं पीना होगा। वर्तमान व्यवस्था हमें दूसरे के मुँह से पानी पीने के लिए मजबूर करती है। हमें अपने कुएँ से अपना पानी खींचना और पानी पीना चाहिए।

—अहमदनगर में भाषण (31 मई, 1916)
(लोकमान्य तिलक : हिज राइटिंग्स एंड स्पीचेज, पृ. 161)

* * *

हमारे देश में बहुत से सरदार हैं। वे कहते हैं कि उनके दादा सरदार थे। उन्होंने अपने दादाओं के गुणों को वंशानुक्रमित कर लिया है। वे गुण उनके रक्त में आ गए हैं। परंतु ये सरदार अपने पूर्वजों की भाँति वतन की रक्षा न करके साहबों की गुलामी उनकी इच्छानुसार कर रहे हैं।

—नागर में भाषण (1 जून, 1916)
(लोकमान्य तिलक : हिज राइटिंग्स एंड स्पीचेज, पृ. 186)

* * *

हमारे देश में शराब की खपत कम क्यों हुई, जंगलों में लोगों पर जुल्म क्यों होते हैं, शिक्षा के लिए पैसा क्यों नहीं मिलता? इन सभी प्रश्नों का एक ही उत्तर है; वह है कि आपके हाथ में सत्ता नहीं है और जब तक यह सत्ता आपके हाथ में नहीं आएगी, तब तक आपके सौभाग्य का सवेरा नहीं होगा।

—अहमदनगर में भाषण (31 मई, 1916)
(लोकमान्य तिलक : हिज राइटिंग्स एंड स्पीचेज, पृ. 160-161)

* * *

हम अपनी परतंत्रता के कारण ही इतने डरपोक बन गए हैं।

—लोकमान्य तिलक : एक जीवनी, पृ. 174

* * *

पराधीन भारत

भारत की स्थिति एक स्नायु-विकृत व्यक्ति जैसी है, जिसकी सभी स्नायविक शक्ति नष्ट हो चुकी है या नष्ट होनेवाली है। स्नायविक-रोग में सारे शरीर की स्थिति सोचनीय हो जाती है; और आपको उसकी चिकित्सा उसके मस्तिष्क से करनी पड़ती है, उसके पैर के अँगूठे से चिकित्सा प्रारंभ नहीं होती।

—नासिक सम्मेलन में होमरूल प्रस्ताव पर भाषण (1917)

(लोकमान्य तिलक : हिज राइटिंग्स एंड स्पीचेज, पृ. 312-313)

* * *

परिस्थिति

परिस्थिति के गुलाम न बनकर उसे यथासंभव, यथाशक्ति अपने काबू में लाने के लिए आवश्यक मनोनिग्रह, स्वार्थ-त्याग एवं ध्येय-निष्ठा जिस आदमी में होती है, और जो आदमी दु:खों की या संकटों की चिंता किए बिना अपनी शक्तियों का लोगों के भले के लिए उपयोग करता है, वही आदमी महान् कहा जाता है। आगरकर का तर्क-चक्र राजनीतिक, सामाजिक एवं शिक्षा संबंधी बातों में एक-सा ही, बिना किसी रुकावट के चलता था, किंतु समाज-सुधारकों की आगरकर के जीवन के इन दूसरे पहलुओं की तरफ देखने की इच्छा न थी।...उन्हें पूरा आगरकर नहीं चाहिए था; पूरे आगरकर को वे हजम नहीं कर सकते थे।

—आगरकर की पुण्यतिथि के अवसर पर भाषण (1916)

* * *

परोपकार

जब हम देखते हैं, कि व्याघ्र सरीखे क्रूर जानवर भी अपने बच्चों की रक्षा के लिए प्राण देने को तैयार हो जाते हैं, तब हम यह कभी नहीं कह सकते कि मनुष्य के हृदय में प्रेम और परोपकार बुद्धि जैसे सद्‌गुण केवल स्वार्थ ही से उत्पन्न हुए हैं। इससे सिद्ध होता है कि धर्म-अधर्म की परीक्षा केवल दूरदर्शी स्वार्थ से करना शास्त्र की दृष्टि से भी उचित नहीं है। यह बात हमारे प्राचीन पंडितों को भी अच्छी तरह से मालूम थी कि केवल संसार में लिप्त रहने के कारण जिस मनुष्य की बुद्धि शुद्ध नहीं रहती है, वह मनुष्य जो कुछ भी परोपकार के नाम से करता है, वह बहुधा अपने ही हित के लिए करता है।

—श्रीमद्‌भगवद्‌गीता रहस्य अथवा कर्मयोगशास्त्र, पृ. 79

* * *

मनुष्य-स्वभाव में स्वार्थ के साथ ही परोपकार बुद्धि की सात्त्विक मनोवृत्ति भी जन्म से पाई जाती है।

—श्रीमद्भगवद्गीता रहस्य अथवा कर्मयोगशास्त्र, पृ. 81

* * *

पाप

यदि किसी सिद्ध पुरुष को अपना स्वार्थ साधने की आवश्यकता न हो, तथापि यदि वह किसी अयोग्य आदमी को कोई ऐसी वस्तु ले लेने दे कि जो उसके योग्य नहीं; तो उस सिद्ध पुरुष को अयोग्य आदमियों की सहायता करने का तथा योग्य साधुओं एवं समाज की भी हानि करने का पाप लगे बिना न रहेगा।

—श्रीमद्भगवद्गीता रहस्य अथवा कर्मयोगशास्त्र, पृ. 392-393

* * *

पूर्वजों की स्मृति

जिस प्रकार हम अपने पूर्व-पुरुषों की स्मृति कायम रखकर उसे अपने कुटुंब की प्रतिष्ठा और ख्याति कायम रखने का साधन बनाते हैं, उसी प्रकार राष्ट्र के महापुरुषों की स्मृति हमारी राष्ट्रीयता बनाए रखने का एक अति उत्तम साधन है।...शिवाजी महाराज का चरित्र इसी तरह का एक श्रेष्ठ साधन है।

—राष्ट्रीय उत्सवों की आवश्यकता लेख (सन् 1895)
(लोकमान्य तिलक : एक जीवनी, पृ. 75)

* * *

प्रकृति

मनुष्य चाहे इस संसार में रहे या न रहे; परंतु प्रकृति अपने गुणधर्मानुसार सदैव अपना व्यापार करती ही रहेगी। जड़ प्रकृति को न तो इसमें कुछ सुख है, और न दुःख। मनुष्य व्यर्थ अपनी महत्ता समझकर प्रकृति के व्यवहारों में आसक्त हो जाता है। इसीलिए वह सुख-दुःख का भागी हुआ करता है। यदि वह इस आसक्त-बुद्धि को छोड़ दे; और अपने सब व्यवहार इस भावना से करने लगे कि 'गुणा गुणेषु वर्तन्ते'—प्रकृति के गुण-धर्मानुसार ही सब व्यापार हो रहे हैं, तो असंतोषजन्य कोई भी दुःख उसको हो ही नहीं सकता। इसलिए यह समझकर कि प्रकृति तो अपना व्यापार करती ही रहती है; उसके लिए संसार को दुःखप्रधान मानकर रोते नहीं रहना चाहिए, और न उसको त्यागने ही का प्रयत्न करना चाहिए।

—श्रीमद्भगवद्गीता रहस्य अथवा कर्मयोगशास्त्र, पृ. 112

* * *

प्रतिनिधि

एक प्रतिनिधि की परख उसकी योग्यता के आधार पर की जानी चाहिए, उसकी जाति या संप्रदाय को उसका आधार नहीं बनाना चाहिए। सांप्रदायिक प्रतिनिधित्व से पुरानी ईर्ष्याएँ भड़क उठेंगी और भारत की एकता की नीवों को उखाड़ फेंकेंगी। *—लोकमान्य तिलक : हिज राइटिंग्स एंड स्पीचेज, पृ. 253*

✻ ✻ ✻

प्रतीक

जब सगुण प्रतीक के बदले परमेश्वर के मानवरूपधारी व्यक्त प्रतीक की उपासना का आरंभ धीरे-धीरे होने लगा, तब अंत में भक्तिमार्ग उत्पन्न हुआ। यह भक्तिमार्ग औपनिषदिक ज्ञान से अलग, बीच ही में स्वतंत्र रीति से प्रादुर्भूत नहीं हुआ है; और न भक्ति की कल्पना हिंदुस्तान में किसी अन्य देश से लाई गई है।

—श्रीमद्भगवद्गीता रहस्य अथवा कर्मयोगशास्त्र, पृ. 542

✻ ✻ ✻

प्रतीक कुछ भी हो; भक्तिमार्ग का फल प्रतीक में नहीं है। किंतु उस प्रतीक में जो हमारा आंतरिक भाव होता है, उस भाव में है। इसलिए यह सच है कि प्रतीक के बारे में झगड़े से कुछ लाभ नहीं। *—श्रीमद्भगवद्गीता रहस्य अथवा कर्मयोगशास्त्र, पृ. 423*

✻ ✻ ✻

यह मनुष्यों की अत्यंत शोचनीय मूर्खता का लक्षण है कि वे इस सत्य तत्त्व को तो नहीं पहचानते कि ईश्वर सर्वव्यापी, सर्वसाक्षी, सर्वज्ञ, सर्वशक्तिमान और उसके भी परे है—अर्थात् अचिंत्य है; किंतु वे ऐसे नाम-रूपात्मक व्यर्थ अभिमान के अधीन हो जाते हैं कि ईश्वर ने अमुक समय, अमुक वेश में, अमुक माता के गर्भ से, अमुक वर्ण का, नाम का या आकृति का जो व्यक्त स्वरूप धारण किया, वही केवल सत्य है; और इस अभिमान में फँसकर एक-दूसरे की जान लेने पर उतारू हो जाते हैं।

—श्रीमद्भगवद्गीता रहस्य अथवा कर्मयोगशास्त्र, पृ. 423

✻ ✻ ✻

सब लोग जानते हैं, कि शालिग्राम सिर्फ एक पत्थर है। उसमें यदि विष्णु का भाव रखा जाए, तो विष्णुलोक मिलेगा; और यदि उसी प्रतीक में यक्ष, राक्षस आदि भूतों की भावना की जाए, तो यक्ष, राक्षस आदि भूतों के ही लोक प्राप्त होंगे। यह सिद्धांत हमारे सब शास्त्रकारों को मान्य है कि फल हमारे भाव में है; प्रतीक में नहीं। लौकिक व्यवहार में किसी मूर्ति की पूजा करने के पहले उसकी प्राण-प्रतिष्ठा करने की जो रीति है, उसका भी रहस्य यही है। जिस देवता की भावना से उस मूर्ति की पूजा करनी हो, उस देवता की प्राणप्रतिष्ठा उस मूर्ति में की जाती है। किसी मूर्ति में परमेश्वर की भावना न

रख कोई यह समझकर उसकी पूजा या आराधना नहीं करते कि यह मूर्ति किसी विशिष्ट आकार की, सिर्फ मिट्‌टी, पत्थर या धातु है। और यदि कोई ऐसा करे भी (तो गीता के सिद्धांत के अनुसार) उसको मिट्‌टी, पत्थर या धातु ही की दशा निस्संदेह प्राप्त होगी। जब प्रतीक में स्थापित या आरोपित किए गए हमारे आंतरिक भाव में इस प्रकार भेद कर लिया जाता है, तब केवल प्रतीक के विषय में झगड़ा करते रहने का कोई कारण नहीं रह जाता।

—श्रीमद्‌भगवद्‌गीता रहस्य अथवा कर्मयोगशास्त्र, पृ. 422

* * *

प्रयास

अगर कानूनी और वैधानिक तरीके असफल होते हैं, तो हमें अन्य उपचारों को सोचना चाहिए।

—केसरी (29 दिसंबर, 1903)
(बालगंगाधर तिलक, पृ. 294)

* * *

मेरा कहना है कि मुझे पूरी रोटी चाहिए और वह भी तत्काल चाहिए। परंतु यदि मुझे पूरी रोटी नहीं मिलती तो मत सोचिए कि मुझमें धैर्य नहीं है। मैं वह आधी रोटी ले लूँगा, जो वे मुझे देंगे और शेष रोटी के लिए मैं प्रयत्नशील रहूँगा। यही आपके चिंतन और कार्य की दिशा होगी, जिसमें आपको प्रशिक्षित होना है। हमने यह आवाज भावनावश नहीं उठाई है। यह तो तर्कसम्मत प्रेरणा है। आप इसके विश्वासों के तर्क को समझने का प्रयास कीजिए और अपनी इस प्रेरणा को अपने तर्कपूर्ण विश्वासों से शक्तिशाली बनाने का प्रयत्न कीजिए। मैं आपसे अंधानुकरण करने को नहीं कहूँगा।

—कलकत्ता में भाषण (2 जनवरी, 1907)
(लोकमान्य तिलक : हिज राइटिंग्स एंड स्पीचेज, पृ. 51)

* * *

हमारे वेदांत में कथन है जिसका आशय है, यदि मनुष्य प्रयत्न करे तो वह स्वयं ईश्वर बन सकता है।

—लखनऊ में थियॉसोफिकल कन्वेंशन में भाषण (30 दिसंबर, 1916)

* * *

प्रश्न

जब तक हम उपस्थित प्रश्न के स्वरूप को ठीक तौर से न लें, तब तक उस प्रश्न का उत्तर भी भलीभाँति हमारे ध्यान में नहीं आता।

—श्रीमद्‌भगवद्‌गीता रहस्य अथवा कर्मयोगशास्त्र, पृ. 444

* * *

प्राचीन शासन-व्यवस्था

भारत में पहले अशोक, गुप्तवंश, राजपूतों तथा अन्य वंशों के साम्राज्य भी थे। कोई इतिहास यह नहीं कह सकता कि इन साम्राज्यों में प्रशासन की कोई प्रणाली थी ही नहीं।

—नासिक सम्मेलन में होमरूल प्रस्ताव पर भाषण (1917)
(लोकमान्य तिलक : हिज राइटिंग्स एंड स्पीचेज, पृ. 289-290)

* * *

प्रेस की स्वतंत्रता

कानून कितना ही कठोर क्यों न हो, फिर भी उसकी सीमाओं के भीतर ही रहना तुम्हारा कर्तव्य होगा। जिसको जितनी स्वतंत्रता प्राप्त है, उसका ही वह सर्वोत्तम उपयोग कर सकता है। मैं नहीं समझता कि तुम्हें सभी विचारों या विषयों को छोड़ देना आवश्यक है, लेकिन गलतफहमी से बचने के लिए तुम्हें स्वयं को केवल तथ्यों तक ही सीमित रखना चाहिए। कानूनों के संबंध में उनका क्षेत्र समझाओ, इतिहास दो और तर्कसंगत रूप से बिना अलंकृत भाषा या सरकार अथवा जनता के उद्‌बोधनों में पड़े, उसके बहुत ही स्वाभाविक परिणामों का उल्लेख करो। *—बाल गंगाधर तिलक, पृ. 346*

* * *

फलभोग

आपको यह नहीं मान लेना चाहिए कि आप जो श्रम करेंगे उसके फलस्वरूप उत्पन्न फसल को आप ही काटेंगे। सदैव ऐसा नहीं होता। हमें अपनी पूर्ण शक्ति से श्रम करना चाहिए और उसका परिणाम आनेवाली पीढ़ी के भोगने के लिए छोड़ देना चाहिए। याद रखिए, आप जो आम आज खा रहे हैं उनके वृक्ष आपने नहीं लगाए थे।

—लोकमान्य तिलक : हिज राइटिंग्स एंड स्पीचेज, पृ. 277

* * *

फिरोजशाह मेहता

इस परतंत्र देश में नौकरशाही की हुकूमत के नीचे विद्या के साथ स्वतंत्रता, निर्भयता और दृढ़-निश्चय आदि लोकनायकों के आवश्यक गुण विकसित नहीं होते। किंतु सद्‌भाग्य से सर फिरोजशाह में ये सब गुण काफी परिमाण में विद्यमान थे। उनकी मृत्यु से देश का भारी नुकसान हुआ है। उनकी यह विशेषता थी कि अगर वह किसी सवाल का पूरी तौर से विचार करने के बाद उसकी हिमायत करने का एक बार निश्चय कर लेते थे, तो वह उसकी सिद्धि के लिए प्रयत्न करने में बिलकुल भी नहीं हिचकिचाते थे। *—सर फिरोजशाह मेहता की मृत्यु पर (5 नवंबर, 1915)*

* * *

बंगाल का विभाजन

लोकमत की उपेक्षा करके बंगाल का जो विभाजन किया गया है, स्वदेशी और बहिष्कार के आंदोलन उसी के परिणामस्वरूप पैदा हुए हैं और अगर सरकार का यह ख्याल हो कि आतंकवाद और बमबाजी जैसी अनर्थकारी प्रवृत्तियाँ स्वदेशी और बहिष्कार आंदोलन से पैदा होती हैं, तो फिर वह उसके असली कारण, उस विभाजन, को ही सबसे पहले क्यों नहीं रद्द करती?

—लोकमान्य तिलक : एक जीवनी, पृ. 153

* * *

बंगाल-विभाजन अपने प्रकार की निकृष्टतम घटना है। यह घटना आर्थिक दृष्टिकोण से भी विरोध करने योग्य है और बंगाल-विभाजन के मामले ने लोगों की भावनाओं को आहत किया है।

—राष्ट्रीय शिक्षा पर भाषण (1908)

(लोकमान्य तिलक : हिज राइटिंग्स एंड स्पीचेज, पृ. 88)

* * *

बहिष्कार

आपके उद्योग पूर्णत: नष्ट हो गए हैं, उन्हें विदेशी शासन ने नष्ट किया है, आपकी संपत्ति देश से बाहर जा रही है और आप निर्धनता के उस निम्न स्तर पर आ गए हैं, जिस पर कोई मानव-जाति जीवित नहीं रह सकती। ऐसी स्थिति से उबरने के लिए क्या कोई उपचार है, जिससे आप अपनी सहायता कर सकें? इसका उपचार याचिका प्रस्तुत करना नहीं है वरन् बहिष्कार करना है। हम कहते हैं—आप शक्तिशाली बनें, शक्ति-संगठन करें और ऐसी माँग करें कि शासन उसे अस्वीकार न कर सके।

—कलकत्ता में भाषण (2 जनवरी, 1907)

(लोकमान्य तिलक : हिज राइटिंग्स एंड स्पीचेज, पृ. 48)

* * *

बहिष्कार एक अपूर्व शक्ति है; और हम जब भी शक्ति की बात करते हैं उसका अर्थ बहिष्कार ही होता है। बहिष्कार एक राजनीतिक शस्त्र है। हम शासकों की सहायता मालगुजारी वसूल करने में नहीं करेंगे और शांति बनाए रखेंगे। हम भारत की सीमाओं पर या भारत के बाहर लड़ने के लिए भारतीय सैनिकों एवं धन से सरकार की सहायता नहीं करेंगे। हम उन्हें अदालतें चलाने में सहायता नहीं करेंगे। हमारी अपनी अदालतें होंगी और समय आने पर हम सरकार को 'कर' भी नहीं देंगे। क्या आप अपनी एकता के साथ ऐसे प्रयास कर सकेंगे?

—कलकत्ता में भाषण (2 जनवरी, 1907)

(लोकमान्य तिलक : हिज राइटिंग्स एंड स्पीचेज, पृ. 50)

* * *

बात

जो बात कभी स्वप्न में भी नहीं दिखाई पड़ती, वही कभी-कभी आँखों के सामने नाचने लगती है।

—श्रीमद्भगवद्गीता रहस्य अथवा कर्मयोगशास्त्र, पृ. 586

* * *

बाधा न पहुँचाएँ

अगर आप नहीं दौड़ सकते तो न दौड़ें, लेकिन जो दौड़ सकते हैं, उनकी टाँग क्यों खींचते हैं ?

—बाल गंगाधर तिलक, पृ. 363

* * *

बुद्ध

यद्यपि ब्रह्म तथा आत्मा का अस्तित्व बुद्ध को मान्य नहीं था, तथापि मन को शांत, विरक्त तथा निष्काम करना प्रभृत्ति मोक्षप्राप्ति के जिन साधनों का उपनिषदों में वर्णन है, वे ही साधन बुद्ध के मत से निर्वाण-प्राप्ति के लिए भी आवश्यक हैं। इसीलिए बौद्ध यति तथा वैदिक संन्यासियों के वर्णन मानसिक स्थिति की दृष्टि से एक ही से होते हैं। और इसी कारण पाप-पुण्य की जवाबदारी के संबंध में तथा जन्म-मरण के चक्कर में से छुटकारा पाने के विषय में वैदिक संन्यास धर्म के जो सिद्धांत हैं, वे ही बौद्धधर्म में भी स्थिर रखे गए हैं। परंतु वैदिक धर्म गौतम बुद्ध से पहले का है। अतएव इस विषय में कोई शंका नहीं, कि ये विचार असल में वैदिक धर्म के ही हैं।

—श्रीमद्भगवद्गीता रहस्य अथवा कर्मयोगशास्त्र, पृ. 576

* * *

बुद्ध और ईसा

किसी भी विचारवान् मनुष्य के मन में यह प्रश्न होना बिलकुल ही सहज है कि बुद्ध और ईसा के चरित्रों में—उनके नैतिक उपदेशों और उनके धर्मों की धार्मिक विधियों तक में—जो यह अद्‌भुत और व्यापक समता पाई जाती है उसका क्या कारण है ? बौद्ध धर्मग्रंथों का अध्ययन करने से जब पहले-पहल यह समता पश्चिमी लोगों को दिखाई पड़ी, तब कुछ ईसाई पंडित कहने लगे, कि बौद्धधर्म वालों ने इन तत्त्वों को 'नेस्टोरियन' नामक ईसाई ग्रंथ से लिखा होगा कि जो एशियाखंड में प्रचलित था; परंतु यह बात ही संभव नहीं है। क्योंकि, नेस्टार पंथ का प्रवर्तक ही ईसा से लगभग सवा चार सौ वर्ष के पश्चात् उत्पन्न हुआ था, और अब अशोक के शिलालेखों से भलीभाँति सिद्ध हो चुका है, कि ईसा के लगभग पाँच सौ वर्ष पहले—और नेस्टार से तो लगभग नौ सौ वर्ष पहले—बुद्ध का जन्म हो गया था। अशोक के समय—अर्थात् सन् ईसवी से निदान ढाई

सौ वर्ष पहले—बौद्धधर्म हिंदुस्तान में और आसपास के देशों में तेजी से फैला हुआ था एवं बुद्धचरित्र आदि ग्रंथ भी इस समय तैयार हो चुके थे। इस प्रकार जब बौद्धधर्म की प्राचीनता निर्विवाद है, तब ईसाई तथा बौद्धधर्म में देख पड़नेवाले साम्य के विषय में दो ही पक्ष रह जाते हैं: (1) वह साम्य स्वतंत्र रीति से दोनों ओर उत्पन्न हुआ हो; अथवा (2) इन तत्त्वों को ईसा ने या उसके शिष्यों ने बौद्धधर्म से लिया हो।

—श्रीमद्भगवद्गीता रहस्य अथवा कर्मयोगशास्त्र, पृ. 590-591

❋ ❋ ❋

बुद्धि

अन्य सब मनोधर्मों के अनुसार केवल श्रद्धा या प्रेम भी एक प्रकार से अंधे ही हैं। यह बात केवल श्रद्धा या प्रेम को कभी मालूम हो नहीं सकती, कि किस पर श्रद्धा रखनी चाहिए, और किस पर नहीं अथवा किससे प्रेम करना चाहिए और किससे नहीं। यह काम प्रत्येक मनुष्य को अपनी बुद्धि से ही करना पड़ता है; क्योंकि निर्णय करने के लिए बुद्धि के सिवा कोई दूसरी इंद्रिय नहीं है।

—श्रीमद्भगवद्गीता रहस्य अथवा कर्मयोगशास्त्र, पृ. 424

❋ ❋ ❋

किसी धनवान मनुष्य के लिए यह कोई कठिन काम नहीं, कि वह अपनी इच्छा के अनुसार मनमाना दान दे दे। यह दान-विषयक काम अच्छा भले ही हो; परंतु उसकी सच्ची नैतिक योग्यता उस दान की स्वाभाविक क्रिया से ही नहीं ठहराई जा सकती। इसके लिए यह भी देखना पड़ेगा कि उस धनवान मनुष्य की बुद्धि सचमुच श्रद्धायुक्त है या नहीं।

—श्रीमद्भगवद्गीता रहस्य अथवा कर्मयोगशास्त्र, पृ. 473-474

❋ ❋ ❋

चाहे किसी मनुष्य की बुद्धि अत्यंत तीव्र न भी हो; तथापि उसमें यह जानने का सामर्थ्य तो अवश्य ही होना चाहिए कि श्रद्धा, प्रेम या विश्वास कहाँ रखा जाए। नहीं तो अंधश्रद्धा और उसी के साथ अंधा प्रेम भी धोखा खा जाएगा; और दोनों गड्ढे में जा गिरेंगे। विपरीत पक्ष में यह भी कहा जा सकता है कि श्रद्धारहित केवल बुद्धि ही यदि कुछ काम करने लगे, तो कोरे युक्तिवाद और तर्क-ज्ञान में फँसकर न जाने वह कहाँ-कहाँ भटकती रहेगी। वह जितनी ही अधिक तीव्र होगी, उतनी ही अधिक भड़केगी।

—श्रीमद्भगवद्गीता रहस्य अथवा कर्मयोगशास्त्र, पृ. 424

❋ ❋ ❋

जब किसी की बुद्धि के पूर्ण ब्रह्मनिष्ठ और निःसीम निष्काम होने में तिल भर भी संदेह न रहे, तब उस पूर्ण अवस्था में पहुँचे हुए सत्पुरुष की बात निराली हो जाती है।

उसका कोई एक-आध काम यदि लौकिक दृष्टि से विपरीत दिखाई पड़े, तो तत्त्वत: यही कहना पड़ता है, कि उसका बीज निर्दोष ही होगा। अथवा वह शास्त्र की दृष्टि से कुछ योग्य कारणों के होने से ही हुआ होगा। या साधारण मनुष्यों के कामों के समान उसका लोभमूलक या अनीति का होना संभव नहीं है; क्योंकि उसकी बुद्धि की पूर्णता, शुद्धता और समता पहले से ही निश्चित रहती है।

— श्रीमद्भगवद्गीता रहस्य अथवा कर्मयोगशास्त्र, पृ. 37

* * *

जब व्यवसायात्मक बुद्धि आत्मनिष्ठ हो जाती है; और मनोनिग्रह की सहायता से मन और इंद्रिय उसकी अधीनता में रहकर आज्ञानुसार आचरण करना सीख जाती है, तब इच्छा, वासना आदि मनोधर्म (अर्थात् वासनात्मक बुद्धि) आप-ही-आप शुद्ध और पवित्र हो जाते हैं; और शुद्ध सात्त्विक कर्मों की ओर देहेंद्रियों की सहज ही प्रवृत्ति होने लगती है।

— श्रीमद्भगवद्गीता रहस्य अथवा कर्मयोगशास्त्र, पृ. 141

* * *

धैर्य आदि गुणों के समान शुद्ध बुद्धि की सच्ची परीक्षा संकटकाल में ही हुआ करती है।

— श्रीमद्भगवद्गीता रहस्य अथवा कर्मयोगशास्त्र, पृ. 475

* * *

प्रत्येक मनुष्य का कर्तव्य है कि वह अपनी बुद्धि को सात्त्विक बनावे। यह काम इंद्रियनिग्रह के बिना हो नहीं सकता। जब तक व्यवसायात्मिक बुद्धि यह जानने में समर्थ नहीं है, कि मनुष्य का हित किस बात में है; और जब तक वह उस बात का निर्णय या परीक्षा किए बिना ही इंद्रियों की इच्छानुसार आचरण करती रहती है, तब तक वह बुद्धि शुद्ध नहीं कही जा सकती। अतएव बुद्धि को मन और इंद्रियों के अधीन नहीं होने देना चाहिए। किंतु ऐसा उपाय करना चाहिए, कि जिससे मन और इंद्रियाँ बुद्धि के अधीन रहें।

— श्रीमद्भगवद्गीता रहस्य अथवा कर्मयोगशास्त्र, पृ. 140

* * *

बुद्धि का विकसित होना ही सभ्यता का लक्षण है।

— श्रीमद्भगवद्गीता रहस्य अथवा कर्मयोगशास्त्र, पृ.130

* * *

बुद्धि की समता तथा शुद्धता की परीक्षा करने के लिए मनुष्य के बाह्य आचरण को देखना चाहिए। नहीं तो कोई भी मनुष्य ऐसा कहकर—कि मेरी बुद्धि शुद्ध है—मनमाना बर्ताव करने लगेगा।

— श्रीमद्भगवद्गीता रहस्य अथवा कर्मयोगशास्त्र, पृ. 477

* * *

बुद्धि की सहायता के बिना केवल मनोवृत्तियाँ अंधी हैं। अतएव मनुष्य का कोई काम शुद्ध तभी हो सकता है, जबकि बुद्धि शुद्ध हो।

—श्रीमद्भगवद्गीता रहस्य अथवा कर्मयोगशास्त्र, पृ. 135

* * *

मनुष्य की बुद्धि जितनी सुशिक्षित अथवा सुसंस्कृत होगी, उतनी ही योग्यतापूर्वक वह किसी बात का निर्णय करेगा।

—श्रीमद्भगवद्गीता रहस्य अथवा कर्मयोगशास्त्र, पृ. 129

* * *

यथार्थ में बुद्धि केवल एक तलवार है। जो कुछ सामने आता है या लाया जाता है, उसकी काट-छाँट करना ही उसका काम है।

—श्रीमद्भगवद्गीता रहस्य अथवा कर्मयोगशास्त्र, पृ. 134

* * *

यदि कर्ता की बुद्धि शुद्ध हो, तो बहुधा छोटे-छोटे कर्मों की नैतिक योग्यता भी बड़े-बड़े कर्मों की योग्यता के बराबर ही हो जाती है। इसके विपरीत—अर्थात् जब बुद्धि शुद्ध न हो—तब किसी कर्म की नैतिक योग्यता का विचार करने पर यह मालूम होगा कि हत्या करना केवल एक कर्म ही है। *—श्रीमद्भगवद्गीता रहस्य अथवा कर्मयोगशास्त्र, पृ. 476*

* * *

यही बुद्धि केवल जन्मतः अशुद्ध, राजस या तामस हो, तो उसका किया हुआ भले-बुरे का निर्णय गलत होगा; जिसका परिणाम यह होगा कि अंधश्रद्धा के सात्त्विक अर्थात् शुद्ध होने पर भी वह धोखा खा जाएगा। अच्छा; यदि श्रद्धा ही जन्मतः अशुद्ध हो, तो बुद्धि के सात्त्विक होने से भी कुछ लाभ नहीं। क्योंकि ऐसी अवस्था में बुद्धि की आज्ञा को मानने के लिए श्रद्धा तैयार ही नहीं रहती।

—श्रीमद्भगवद्गीता रहस्य अथवा कर्मयोगशास्त्र, पृ. 424

* * *

श्रद्धा और ज्ञान अथवा मन और बुद्धि का हमेशा साथ रहना आवश्यक है।

—श्रीमद्भगवद्गीता रहस्य अथवा कर्मयोगशास्त्र, पृ. 424

* * *

सदाचार और दुराचार तथा धर्म और अधर्म, शब्दों का उपयोग यथार्थ में ज्ञानवान् मनुष्य के कर्म के ही लिए होता है और यही कारण है कि नीतिमत्ता केवल जड़ कर्मों में नहीं, बल्कि बुद्धि में रहती है।

—श्रीमद्भगवद्गीता रहस्य अथवा कर्मयोगशास्त्र, पृ. 473

* * *

बुद्धि और मन

बुद्धि और मन दोनों अलग-अलग अशुद्ध नहीं रहते। जिसकी बुद्धि जन्मतः अशुद्ध होती है, उसका मन अर्थात् श्रद्धा भी प्रायः न्यूनाधिक अशुद्ध अवस्था ही में रहती है; और फिर यह अशुद्ध बुद्धि स्वभावतः अशुद्ध अवस्था में रहनेवाली श्रद्धा को अधिकाधिक भ्रम में डाल दिया करती है। ऐसी अवस्था में रहनेवाले किसी मनुष्य को परमेश्वर के शुद्ध स्वरूप का चाहे जैसा उपदेश किया जाए, परंतु वह उसके मन में जँचता ही नहीं।

— *श्रीमद्भगवद्गीता रहस्य अथवा कर्मयोगशास्त्र, पृ. 424-425*

* * *

बौद्ध तथा ईसाई धर्म

बौद्ध तथा ईसाई धर्म में जो समता दिखाई पड़ती है, वह इतनी विलक्षण और पूर्ण है, कि वैसी समता का स्वतंत्र रीति से उत्पन्न होना संभव भी नहीं है। यदि यह बात सिद्ध हो गई होती, कि उस समय यहूदी लोगों को बौद्धधर्म का ज्ञान होना ही सर्वथा असंभव था, तो बात दूसरी थी।

— *श्रीमद्भगवद्गीता रहस्य अथवा कर्मयोगशास्त्र, पृ. 591-592*

* * *

बौद्धधर्म

उपनिषद् के आत्मज्ञान के बदले चार आर्यसत्यों की दृश्य नींव के ऊपर यद्यपि इस प्रकार बौद्धधर्म खड़ा किया गया है; तथापि अचल शांति या सुख पाने के लिए तृष्णा अथवा वासना का क्षय करके मन के निष्काम करने के जिस मार्ग (चौथा सत्य) का उपदेश बुद्ध ने किया है, वह मार्ग—और मोक्षप्राप्ति के लिए उपनिषदों में वर्णित मार्ग—दोनों वस्तुतः एक ही हैं।

— *श्रीमद्भगवद्गीता रहस्य अथवा कर्मयोगशास्त्र, पृ. 575*

* * *

अब यह बात निर्विवाद सिद्ध हो चुकी है कि जैनधर्म के समान बौद्धधर्म भी अपने वैदिक धर्मरूप पिता का ही पुत्र है कि जो अपनी संपत्ति का हिस्सा लेकर किसी कारण से विभक्त हो गया है; अर्थात् वह कोई पराया नहीं है—किंतु उसके पहले यहाँ पर जो ब्राह्मण धर्म था, उसी की यहीं उपजी हुई यह एक शाखा है।

— *श्रीमद्भगवद्गीता रहस्य अथवा कर्मयोगशास्त्र, पृ. 572*

* * *

ब्रह्मचर्य

हम सभी नवयुवकों के लिए ब्रह्मचर्य का समर्थन नहीं करते। ऐसा करना पागलपन

होगा, लेकिन कुछ लोगों को विवाह करने से अवश्य ही रोका जाना चाहिए। जैसे उन लोगों को जो दो, तीन या चार-चार बार विवाह कर चुके हैं। कोई बिलकुल ही अविवाहित न रहे; लेकिन लोगों के दूसरे विवाह को प्रोत्साहन नहीं दिया जाना चाहिए। ऐसे लोग तब अपनी-अपनी पसंद और रुचि के सार्वजनिक कार्य करने को उपलब्ध रहेंगे। कोई आवश्यक नहीं कि यह राजनीतिक कार्य ही हो। बहुत से ऐसे लोग हैं जो मैक्समूलर की उनकी विद्वत्ता के लिए प्रशंसा करते नहीं अघाते, लेकिन यह कोई नहीं सोचता कि मैक्समूलर के लिए इतना ज्ञान प्राप्त करना और इतने अधिक विद्वत्तापूर्ण ग्रंथ लिखना इसलिए संभव हो सका था कि वे ब्रह्मचारी थे। पारिवारिक और व्यक्तिगत बंधनों से मुक्त ऐसे ही लोग जीवन में कुछ करने का साहस करते हैं और कुछ अच्छी सफलता प्राप्त कर लेते हैं।

— 1892 में लिखित एक लेख से

* * *

भक्ति

उपास्य ब्रह्म के सगुण रहने पर भी जब उसका अव्यक्त के बदले व्यक्त—और विशेषतः मनुष्यदेहधारी—रूप स्वीकृत किया जाता है, तब वही भक्तिमार्ग कहलाता है।

— श्रीमद्भगवद्गीता रहस्य अथवा कर्मयोगशास्त्र, पृ. 412

* * *

जब भक्ति इस हेतु से की जाती कि "हे ईश्वर! मुझे कुछ दे;" तब वैदिक यज्ञयागादिक काम्य कर्मों के समान उसे भी कुछ-न-कुछ व्यापार का स्वरूप प्राप्त हो जाता है। ऐसी भक्ति राजस कहलाती है; और उससे चित्त की शुद्धि पूरी-पूरी नहीं होती। जबकि चित्त की शुद्धि ही पूरी नहीं हुई, तब कहना नहीं होगा कि आध्यात्मिक उन्नति में और मोक्ष की प्राप्ति में बाधा आ जाएगी।

— श्रीमद्भगवद्गीता रहस्य अथवा कर्मयोगशास्त्र, पृ. 410

* * *

भक्तिमार्ग

भक्तिमार्ग का यह तत्त्व है कि सगुण परमेश्वर के सिवा इस जगत् में और कुछ नहीं है—वही ज्ञान है, वही कर्म है, वही ज्ञाता है, वही करनेवाला, करवानेवाला और फल देनेवाला भी है। अतएव संचित, प्रारब्ध, क्रियमाण इत्यादि कर्मभेदों के झंझट में न पड़ भक्तिमार्ग के अनुसार यह प्रतिपादन किया जाता है, कि कर्म करने की बुद्धि देनेवाला, कर्म का फल देनेवाला और कर्म का क्षय करनेवाला एक परमेश्वर ही है।

— श्रीमद्भगवद्गीता रहस्य अथवा कर्मयोगशास्त्र, पृ. 430

* * *

भक्तिमार्ग में मनुष्य का उद्धार करने की जो शक्ति है, वह कुछ सजीव तथा निर्जीव मूर्ति में या पत्थरों की इमारतों में नहीं है; किंतु उस प्रतीक में उपासक अपने सुभीते के लिए जो ईश्वरभावना रखता है, वही यथार्थ में तारक होती है। चाहे प्रतीक पत्थर का हो, मिट्टी का हो, धातु का हो या अन्य किसी पदार्थ का हो; उसकी योग्यता 'प्रतीक' से अधिक कभी नहीं हो सकती। इस प्रतीक में जैसा हमारा भाव होगा, ठीक उसी के अनुसार हमारी भक्ति का फल परमेश्वर—प्रतीक नहीं—हमें दिया करता है। फिर ऐसा बखेड़ा मचाने से क्या लाभ कि हमारा प्रतीक श्रेष्ठ है और हमारा निकृष्ट? यदि भाव शुद्ध न हो, तो केवल प्रतीक की उत्तमता से ही क्या लाभ होगा? दिन-भर लोगों को धोखा देने और फँसाने का धंधा करके सुबह-शाम या किसी त्योहार के दिन देवालय में देवदर्शन के लिए अथवा किसी निराकार देव के मंदिर में उपासना के लिए जाने से परमेश्वर की प्राप्ति असंभव है। *—श्रीमद्‌भगवद्‌गीता रहस्य अथवा कर्मयोगशास्त्र, पृ. 421*

❋ ❋ ❋

भय

जैसे मनुष्य भवन-निर्माण का कार्य इस भय से नहीं रोक देता है कि चूहे भवन में अपने बिल बना लेंगे, वैसे ही हमें इस भय से अपना काम नहीं रोक देना चाहिए कि सरकार अप्रसन्न हो जाएगी।

—राष्ट्रीय शिक्षा पर भाषण (1908)

(लोकमान्य तिलक : हिज राइटिंग्स एंड स्पीचेज, पृ. 77)

❋ ❋ ❋

भाग्य

महान् उपलब्धियाँ सरलता से नहीं मिलतीं और सरलता से मिली उपलब्धियाँ महान् नहीं होतीं। गीता में भगवान् कृष्ण कहते हैं, सफलता के प्रमुख पाँच कारकों में 'देव' एक है। 'देव' ईश्वरप्रदत्त एक अवसर है। आप चाहें इसका लाभ उठाएँ या न उठाएँ। 'देव' ऐसी वस्तु है, जिसे मानवीय प्रयास नियंत्रित नहीं कर सकते वरन् वह अत्यंत उपयुक्त समय पर आता है। यदि हम उसका उपयोग करने की बात न जानते हों तो यह पूर्णतः हमारा ही दोष होगा।

—अकोला में भाषण (जनवरी, 1916)

(लोकमान्य तिलक : हिज राइटिंग्स एंड स्पीचेज, पृ. 236)

❋ ❋ ❋

भारत

भारत आपका अपना घर है। क्या यह आपका घर नहीं है? तो फिर आप इसकी

व्यवस्था स्वयं क्यों नहीं करते ? हमारे घरेलू मामले हमारे ही हाथों में रहने दीजिए। *—लखनऊ में थियोसॉफिकल कन्वेंशन में भाषण (30 दिसंबर, 1916)*

(लोकमान्य तिलक : हिज राइटिंग्स एंड स्पीचेज, पृ. 231)

❋ ❋ ❋

'हजारों वर्षों' से भारतवर्ष में अध्यात्मशास्त्र की गंगा बह चुकी है। पश्चिम के विद्वानों के सामने उसे प्रस्तुत करके उसकी अपूर्वता को उनसे मनवाना और इसके कारण भारतवर्ष के प्रति उन लोगों की सहानुभूति पैदा करना कोई मामूली बात नहीं है। पश्चिम के आधिभौतिकशास्त्र का प्रवाह भारत में अंग्रेजी विद्या के साथ-साथ इस तेजी से बहता चला आया है कि उसे पीछे हटाने का काम कोई असाधारण बुद्धिशाली और धीरवान् व्यक्ति ही कर सकता था। *—विवेकानंद की मृत्यु पर लेख, पृ. 120*

❋ ❋ ❋

भारत में स्वशासन

अंग्रेज हमसे कह रहे हैं कि हम (भारतीय) स्वराज्य पाने के योग्य नहीं हैं, इसलिए वह यहाँ हम पर शासन करने के लिए आए हैं। जैसे कि इन लोगों के यहाँ आने से पूर्व भारत में कोई स्वराज्य था ही नहीं। जैसे कि हम सभी जंगली थे और एक-दूसरे का गला काटने को तैयार रहते थे। *—अहमदनगर में भाषण (31 मई, 1916)*

(लोकमान्य तिलक : हिज राइटिंग्स एंड स्पीचेज, पृ. 163)

❋ ❋ ❋

भारतीय

अपने ही देश में भारतीय लोग लुटेरे नहीं हैं। वे अपनी आकांक्षाओं की उद्घोषणा कर सकते हैं और ऐसा उन्हें वास्तव में करना चाहिए। हम किसी की बात सुनने से नहीं डरते, हम केवल पूर्ण और अच्छी बात सुनना चाहते हैं। मैं उस अधम प्रयास की जोरदार भर्त्सना करता हूँ, जिससे वक्ता को दंडित करने और शिकार बनाने के लिए ऐसा भद्दा शब्दजाल बुना गया, जो पथ से भटकानेवाला था। यदि सरकार सच्चाई जानना चाहती है तो उसे सारी सत्यता सुनने के लिए तैयार हो जाना चाहिए। वह आशुलिपि संवाददाताओं, गुप्तचरों और ऐसे ही गुप्तचरी विभाग के लोगों की व्यवस्था करने में दो लाख रुपया क्यों खर्च करती है ? अच्छा होता यदि यह पैसा तकनीकी शिक्षा पर खर्च किया जाता।

—शिवाजी अभिषेक दिवस पर भाषण (पूना, 25 जून, 1907)

(लोकमान्य तिलक : हिज राइटिंग्स एंड स्पीचेज, पृ. 54)

❋ ❋ ❋

भारतीयों में ऐसी कोई बौद्धिक और शारीरिक अयोग्यता नहीं थी कि उन्हें किसी भी साम्राज्य के शासन में भाग लेने से रोक पाती। भारतीयों ने शासन-संबंधी योग्यता पहले भी दिखाई है और यदि उन्हें ऐसे अवसर प्रदान किए जाएँ तो आज भी अपनी योग्यता दिखाना चाहते हैं।

—नासिक सम्मेलन में होमरूल प्रस्ताव पर भाषण (1917)
(लोकमान्य तिलक : हिज राइटिंग्स एंड स्पीचेज, पृ. 290)

✻ ✻ ✻

यदि भारत के लोग बालक थे तो उन्हें शिक्षित करने का उत्तरदायित्व किसका था? यह अंग्रेज सरकार का कर्तव्य था। वे ही शासक थे। मैं तो यहाँ तक कह सकता हूँ कि उन्होंने अपना उत्तरदायित्व नहीं निभाया है। हम बच्चे हैं तो वे शासन करने के लिए अयोग्य हैं। उन लोगों को, जो अपनी प्रजा की दशा 50 वर्षों में भी नहीं सुधार सके, शासन-सत्ता छोड़ देनी चाहिए और इसे किसी और को सौंप देना चाहिए।

—अहमदनगर में भाषण (31 मई, 1916)
(लोकमान्य तिलक : हिज राइटिंग्स एंड स्पीचेज, पृ. 164)

✻ ✻ ✻

वे (अंग्रेज प्रशासक) राजा का प्रतिनिधित्व करते थे, स्वयं राजा नहीं थे। भारतीय लोग भी अंग्रेज अधिकारियों की भाँति राजा का प्रतिनिधित्व करते हैं, क्योंकि वे राजा की प्रजा हैं। अत: राजा के प्रतिनिधित्व के दृष्टिकोण से अंग्रेज अधिकारी और भारतीय जनता समान आधार पर है।*—लोकमान्य तिलक : हिज राइटिंग्स एंड स्पीचेज, पृ. 282*

✻ ✻ ✻

सर्वशक्तिमान ईश्वर ने हमें संघर्ष का अवसर दिया है। कुछ वर्ष पहले किसी ने सोचा भी नहीं था कि भारतीयों की राजनीतिक आकांक्षाएँ पूरी होने के निकट होंगी। यदि भारतीयों ने काम न किया तो उन्हें होमरूल स्वीकृत ही नहीं होगा। प्राय: ऐसे अवसर सदैव नहीं आते। *—लोकमान्य तिलक : हिज राइटिंग्स एंड स्पीचेज, पृ. 345*

✻ ✻ ✻

हमने पाश्चात्य शिक्षा ग्रहण की है, जो सरकार के कुछ सिद्धांतों का निर्धारण करती है। हमने उन सिद्धांतों को सीखा है, उन्हें लागू करना सीखा है और सभ्य देशों में वे कैसे लागू हो रहे हैं, यह भी देखा है। यदि हमें कल ही भारत का शासन सौंप दिया जाए तो क्या हम भारत सरकार के संचालन की क्षमता नहीं रखते?

—नासिक सम्मेलन में होमरूल प्रस्ताव पर भाषण (1917)
(लोकमान्य तिलक : हिज राइटिंग्स एंड स्पीचेज, पृ. 312)

✻ ✻ ✻

हम बड़े आलसी हो गए हैं। अपने आलस्य के कारण हम इतने मूर्ख बन गए हैं कि विदेशी ही हमें बताएँगे कि हमारे कोष में लौह नहीं, स्वर्ण है। आधुनिक विज्ञान और शिक्षा हमें इस संबंध में सहायता देने को तैयार हैं यदि आप इसका लाभ उठाना चाहें।

—धर्म के संबंध में व्याख्यान, बनारस (3 जनवरी, 1906)

(लोकमान्य तिलक : हिज राइटिंग्स एंड स्पीचेज, पृ. 20)

* * *

हम बहादुरी और शिक्षा में किसी भी प्रकार कम नहीं हैं, हममें योग्यता है। जब ऐसी बात है तो हमें शासन-संबंधी अधिकार क्यों नहीं मिलते? सम्राट् काली और गोरी प्रजा के बीच अंतर क्यों पैदा करता है? सम्राट् को यह परामर्श किसने दिया है।

—अहमदनगर में भाषण (31 मई, 1916)

(लोकमान्य तिलक : हिज राइटिंग्स एंड स्पीचेज, पृ. 155)

* * *

हम सक्षम क्यों नहीं हैं? क्या हमारी नाक नहीं है, आँखें नहीं हैं, कान नहीं हैं या बुद्धि नहीं है? क्या हम लिख नहीं सकते? क्या हम पुस्तकें नहीं पढ़ सकते? क्या हम घुड़सवारी नहीं कर सकते? हम योग्य क्यों नहीं हैं? शेक्सपीयर के एक नाटक में यहूदी ने पूछा था, हमारे पास क्या नहीं है? उत्तर था—तुमने अपने कर्तव्य का पालन नहीं किया है। यदि आपको कर्तव्य-पालन का अवसर ही न दिया गया हो तो आप कर्तव्य-पालन कब करते?

—हिस्टारिकल रिसर्च सोसाइटी में भाषण (1 मई, 1916)

(लोकमान्य तिलक : हिज राइटिंग्स एंड स्पीचेज, पृ. 119)

* * *

हम सब जानते हैं कि आदिपुरुष 'आदम' ने इसलिए कष्ट उठाया कि उसने 'ज्ञान के वृक्ष' का फल चख लिया था और शिक्षित भारतीयों के साथ भी वैसा ही हो रहा है, क्योंकि उन्होंने भी ज्ञान अर्जित कर लिया है अर्थात् ज्ञान के वृक्ष का फल चख लिया है। क्या सरकार उस वर्ग में सम्मिलित होना चाहती है, जो इस सृष्टि में ज्ञान के शत्रु हैं?

—शिवाजी अभिषेक दिवस पर भाषण (25 जून, 1907)

(लोकमान्य तिलक : हिज राइटिंग्स एंड स्पीचेज, पृ. 55-56)

* * *

भारतीय कृषि

चाय, कॉफी, कोकोआ और नील के बगीचों में उन्नति करने के लिए प्रयत्न किए गए हैं, लेकिन सामान्य भारतीय किसान की खेती पूर्ण रूप से उपेक्षित रह गई है। ऐसी खेती करने के उन्नतिशील तरीके, अच्छे बीज, खादों और उत्पादन शक्ति बढ़ानेवाली विशेष खादों से वे

अपरिचित हैं। देहाती स्कूलों में कोई खेती-संबंधी दृष्टिकोण नहीं है। अंग्रेजी राज्य की स्थापना से दो बार भूमि-व्यवस्था हो चुकी है और हर बार मालगुजारी बढ़ गई है, लेकिन जहाँ केवल एक अंकुर का उत्पादन होता था, वहाँ दो करने के लिए कुछ नहीं किया गया। *—केसरी (22 सितंबर, 1903)*

* * *

भारतीय धर्म-सिद्धांत

पश्चिम में एक बड़ा परिवर्तन आ रहा है, जो सत्य उन्होंने आज खोजा है, वे सब हमारे ऋषियों को ज्ञात थे। आधुनिक विज्ञान धीरे-धीरे हमारे प्राचीन ज्ञान को प्रमाणित कर रहा है और न्यायसंगत बना रहा है। भौतिक अनुसंधान-संस्थाओं की स्थापना और वैज्ञानिक ज्ञान के प्रसार के बल पर वे समझ सके हैं कि हमारे धर्म के मूलभूत सिद्धांत सत्य पर आधारित हैं, जिन्हें प्रमाणित किया जा सकता।

— धर्म के संबंध में व्याख्यान, बनारस (3 जनवरी, 1906)
(लोकमान्य तिलक : हिज राइटिंग्स एंड स्पीचेज, पृ. 18)

* * *

भारतीय नेता

उनके जीवन से स्पष्ट रूप से प्रदर्शित होता है कि भारतीय जातियाँ अपनी वह शक्ति शीघ्र ही नहीं, खो देतीं जो कि उन्हें संकट के समय योग्य नेता प्रदान करती हैं। महान् मराठा अधिपति के इतिहास से मुसलमानों और हिंदुओं को यही सबक सीखना है और शिवाजी उत्सव का उद्देश्य इसी सबक पर जोर देना है। यह मानना सरासर मिथ्या धारणा है कि शिवाजी की भक्ति में मुसलमानों या ब्रिटिश सरकार से संघर्ष के लिए स्तुतियाँ भी शामिल हैं। यह केवल उस समय के देश की राजनीतिक दशाओं के अनुकूल ही था कि शिवाजी महाराष्ट्र में जन्मे थे, लेकिन भविष्य का नेता भारत में कहीं भी जन्म ले सकता है और कौन जानता है कि वह मुसलमान ही हो।

— क्या शिवाजी राष्ट्रनायक नहीं हैं? लेख से, मराठा (24 जून, 1906)
(लोकमान्य तिलक : हिज राइटिंग्स एंड स्पीचेज, पृ. 31)

* * *

भारतीय साहित्य

हिंदू-धर्म की विशेषताएँ अपने साहित्य के समान ही अधिक व्यापक हैं। हमारे पास अभूतपूर्व साहित्य है। मुझे विश्वास है कि वह ज्ञान जो गीता में केंद्रित है और 700 श्लोकों में निबद्ध है, विश्व के किसी भी दर्शन से, चाहे वह पाश्चात्य हो या कोई और हो, कम नहीं है। *— धर्म के संबंध में व्याख्यान, बनारस (3 जनवरी, 1906)*
(लोकमान्य तिलक : हिज राइटिंग्स एंड स्पीचेज, पृ. 18)

* * *

भावना की भाषा

आनंद और भावना की भाषा सदैव ही संक्षिप्त और विस्मयबोधक होती है।

—बाल गंगाधर तिलक, पृ. 373

* * *

भाषा

उत्तरी भारत में भारतीय जनता द्वारा बोली जानेवाली अधिकांश भाषाएँ आर्यन हैं, जो संस्कृत से जन्मी हैं; जबकि दक्षिण भारत में बोली जानेवाली भाषाएँ मूलतः द्राविड़ियन हैं। इन दोनों में अंतर केवल शब्दों का नहीं है, वरन् लिपियों का है, जिनमें उनके शब्द लिखे जाते हैं।

—नागरी प्रचारिणी सभा, वाराणसी में भाषण (दिसंबर, 1905)

(लोकमान्य तिलक : हिज राइटिंग्स एंड स्पीचेज, पृ. 2–3)

* * *

हम चाहते हैं कि केवल उत्तरी भारत के लिए ही नहीं वरन् धीरे-धीरे दक्षिणी भारत अथवा मद्रास राज्य सहित समस्त भारत के लिए एक सामान्य भाषा चुनें।

—नागरी प्रचारिणी सभा, वाराणसी में भाषण (दिसंबर, 1905)

(लोकमान्य तिलक : हिज राइटिंग्स एंड स्पीचेज, पृ. 2)

* * *

हमारा चरम लक्ष्य है कि भारत के लिए एक ही सामान्य भाषा निर्धारित हो; इसके लिए हमें प्रथम चरण से ही प्रयास करना है; मेरे कहने का अर्थ है कि पहले हिंदू लोग एक सामान्य भाषा को अपनाएँ।

—नागरी प्रचारिणी सभा, वाराणसी में भाषण (दिसंबर 1905)

(लोकमान्य तिलक : हिज राइटिंग्स एंड स्पीचेज, पृ. 3)

* * *

भूलें

प्रारंभ में हम गलतियाँ कर सकते हैं; मानव से परे का देवता ही अपने में पूर्ण हो सकता है, कौन मानव है, जो गलतियाँ नहीं करता? महान् पुरुष भी गलतियाँ करते हैं। हम गलतियाँ करने का अधिकार भी चाहते हैं; हम गलतियाँ करेंगे और स्वयं ही उनका सुधार करेंगे; महान् अवतार तक गलतियाँ करते हैं।

—कानपुर में जनसभा (1 जनवरी, 1917)

(लोकमान्य तिलक : हिज राइटिंग्स एंड स्पीचेज, पृ. 253)

* * *

मजदूर किसान

भारत की वास्तविक दशा का अध्ययन शहरों में नहीं, बल्कि देश के मजदूरों

और किसानों के बीच किया जाना चाहिए। भारत हमारी मातृभूमि है, सब भारतीय हमारे भाई हैं और हमारा लक्ष्य उनकी राजनीतिक और सामाजिक स्थिति का सुधार करना है।

—बाल गंगाधर तिलक, पृ. 289

* * *

मद्यनिषेध

ब्रिटिश-शासन में देशी तथा विलायती शराब की खपत कम होने की बजाय बढ़ती जा रही है। अंग्रेजों की सत्ता में पहले मराठों के राज्य में शराब की खपत इतनी नहीं थी।...आज लोगों पर शराब के अड्डे जबरदस्ती लादे जाते हैं। हम इस प्रस्ताव द्वारा चाहते हैं कि सरकार कम-से-कम नगरपालिकाओं, ग्राम-पंचायतों और अन्य स्थानीय संस्थाओं को इस बारे में 'लोकल आप्शन' (स्थानीय स्वेच्छा) का, अर्थात् अपने क्षेत्र में शराब के अड्डे खोले जाएँ या नहीं, इसका निर्णय करने का अधिकार दे।

—प्रांतीय परिषद् के तृतीय अधिवेशन में भाषण
(लोकमान्य तिलक : एक जीवनी, पृ. 80)

* * *

युवा-पीढ़ी को मद्यपान के दैत्य को समाप्त करने के लिए कमर कस लेनी चाहिए। अगर वे मद्यपान के समर्थकों की नीति के शिकार बनते हैं तो उन्हें जेलें भरने के लिए तैयार रहना चाहिए। मद्यपान के प्रति आपकी घृणा बलवती होनी चाहिए कि इससे संघर्ष करते हुए जेल जाने की व्यथा भी तुच्छ लगने लगे। इस उद्देश्य की प्राप्ति के लिए यदि थोड़े से लोग जेल चले जाएँ तो उनके साथियों को इससे निश्चय ही लाभ होगा। इतना ही क्यों, आपको तो अपने आदर्श के लिए मरने तक को तैयार रहना चाहिए।

— पूना में मद्यनिषेध पर भाषण (1908)

* * *

शराबबंदी हिंदुओं की नीति का एक खास अंग है। इसे आर्थिक लाभ-हानि के विचार से हुए सरकारी हस्तक्षेप के बिना कार्यान्वित करना चाहिए।...हिंदुस्तान के नौजवानों का शराबबंदी के बारे में विशेष कर्तव्य है। हर नौजवान को यह समझना चाहिए कि उसने यदि शराब का एक अड्डा भी बंद करा दिया तो उसे स्वर्ग-प्राप्ति सा फल मिलेगा। इस काम के लिए तो जरूरत पड़ने पर उसे मरने के लिए भी तैयार रहना चाहिए।...अगर हम शराबबंदी जैसा आसान काम भी न कर सके, तो हम स्वराज्य के अयोग्य सिद्ध होंगे।

—लोकमान्य तिलक : एक जीवनी, पृ. 144

* * *

केवल परामर्श देकर लोगों को शराब पीने से नहीं रोका जा सकता। इसके लिए कुछ अधिकारों की आवश्यकता है। जिसके पास ऐसे अधिकार नहीं हैं, वह इस काम को नहीं कर सकता। यदि यह काम केवल परामर्श देकर संभव था, तब हमें राजा की क्या आवश्यकता थी?

—अहमदनगर में भाषण (31 मई, 1916)

(लोकमान्य तिलक : हिज राइटिंग्स एंड स्पीचेज, पृ. 144)

* * *

मन

इस देहरूपी कारखाने में 'मन' एक मुंशी (क्लर्क) है; जिसके पास बाहर का सब माल ज्ञानेंद्रियों के द्वारा भेजा जाता है। और यही मुंशी (मन) उस माल की जाँच किया करता है।

—श्रीमद्भगवद्गीता रहस्य अथवा कर्मयोगशास्त्र, पृ. 132

* * *

मनुष्य

यदि मनुष्य में मनुष्यता के गुण लाने हैं तो हमें देखना चाहिए कि क्या हमारी बुद्धि, योग्यता, साहस और दृढ़ता के लिए कोई क्षेत्र है, जहाँ इनका उपयोग किया जा सके। भारत में ऐसा कोई क्षेत्र नहीं है।

—नागर में भाषण (1 जून, 1916)

(लोकमान्य तिलक : हिज राइटिंग्स एंड स्पीचेज, पृ. 180)

* * *

मनोदेवता

मनोदेवता शब्द में इच्छा, क्रोध, लोभ आदि सभी मनोविकारों को शामिल नहीं करना चाहिए। किंतु इस शब्द से मन की वह ईश्वरदत्त और स्वाभाविक शक्ति ही अभीष्ट है, कि जिसकी सहायता से भले-बुरे का निर्णय किया जाता है। इसी शक्ति का एक बड़ा भारी नाम 'सद्सद्विवेक-बुद्धि' है।

—श्रीमद्भगवद्गीता रहस्य अथवा कर्मयोगशास्त्र, पृ. 124

* * *

माँग

मैं मानता हूँ कि हमें सरकार से माँग करनी चाहिए, परंतु हमें ऐसे विवेक से माँग करनी चाहिए कि सरकार उसे अस्वीकार ही न कर सके। माँग करने में और याचिका प्रस्तुत करने में भारी अंतर होता है।

—कलकत्ता में भाषण (2 जनवरी, 1907)

—लोकमान्य तिलक : हिज राइटिंग्स एंड स्पीचेज, पृ. 47

* * *

मैं यह नहीं कहता कि जो कुछ मिलता हो उसे न लिया जाए। जो मिले, उसे लें। और अधिक के लिए माँग करो। अपनी माँग मत छोड़ो।

—नागर में भाषण (1 जून, 1916)

(लोकमान्य तिलक : हिज राइटिंग्स एंड स्पीचेज, पृ. 212)

* * *

यदि आपकी माँग अस्वीकार कर दी गई तो क्या आप संघर्ष के लिए तैयार हैं, तो विश्वास रखिए आपकी माँग अस्वीकृत नहीं होगी, और यदि आप पूर्णत: तैयार नहीं हैं तो आपकी माँग निश्चय ही अस्वीकृत होगी और संभव है यह माँग''और हमें शस्त्रों की आवश्यकता भी नहीं है। हमारे पास सबसे अधिक शक्तिशाली राजनीतिक शस्त्र है बहिष्कार। *—कलकत्ता में भाषण (2 जनवरी, 1907)*

(लोकमान्य तिलक : हिज राइटिंग्स एंड स्पीचेज, पृ. 48-49)

* * *

हमने जो माँग की है वह ठीक है, उचित है, न्यायोचित और मानव-स्वभाव के अनुकूल है। दूसरे देशों ने तो वह काम कर भी लिया जो हम अब कर रहे हैं। केवल हमारे ही देश में ऐसा नहीं हो सकता है।

—हिस्टारिकल रिसर्च सोसाइटी में भाषण (1 मई, 1916)

(लोकमान्य तिलक : हिज राइटिंग्स एंड स्पीचेज, पृ. 123)

* * *

मातृभाषा

समाज के व्यवहार, उसके विचार, उसके कार्य तथा उसकी भाषा, इन सबका संबंध इतना घनिष्ठ है कि किसी एक का प्रतिबिंब दूसरे पर पड़े बिना नहीं रह सकता। एक का विकास हुआ तो दूसरों का विकास, और एक का क्षय हुआ तो दूसरों का क्षय अनिवार्य हो जाता है। किसी भी देश का शिक्षित वर्ग विदेशी भाषा के द्वारा ज्ञान प्राप्त करे, यह उस देश की भाषा के विकास की दृष्टि से बड़े दुर्भाग्य और शोक की बात है। हमने अंग्रेजी भाषा सीखने के पीछे इतना समय व्यर्थ ही नष्ट किया। अगर हम मराठी भाषा द्वारा शिक्षा पाते, तो बावन वर्ष की आयु में जो ज्ञान प्राप्त हमने किया है, वह 25 या 30 वर्ष ही में प्राप्त कर लेते। अंग्रेजी भाषा के कारण हमारे जीवन के कई वर्ष बेकार जाते हैं। किसी भी देश की जनता को विदेशी भाषा के द्वारा शिक्षा देना उसे खस्सी कर देने जैसा है। इसी कारण ज्ञान का प्रसार मातृभाषा के द्वारा ही किया जाना चाहिए।

—लोकमान्य तिलक :

एक जीवनी, पृ. 138

* * *

मानव-प्रकृति

मानव-प्रकृति ही ऐसी है कि अगर उसे किसी परिवर्तन के लिए विवश न कर दिया जाए तो वह चली आई व्यवस्था से ही संतुष्ट बनी रहती है। कोई राजनीतिज्ञ भी जब तक किसी सुधार का प्रयत्न नहीं करता, जब तक कि वह उसे अनिवार्य न समझ ले अथवा स्थापित व्यवस्था की बुराइयाँ स्वयं न देख ले। तब देशभक्तों और समाजसेवियों का यह कर्तव्य हो जाता है कि वह हरसंभव, प्रदर्शनपूर्ण और प्रभावशाली तरीके से और उसकी सहायता से आवश्यक सुधार करवा लें।

—श्रीमती अवंतिका गोखले कृत 'गांधीजी की जीवनी' की भूमिका से (16 मार्च, 1918)

मूर्ख

यदि गऊ माता के बेटे ही उसकी रक्षा का कार्य नहीं करेंगे तो आप (गऊ माता के बेटे) बैल कहलाए जाएँगे, क्योंकि गाय के बेटों को 'बैल' ही कहा जाता है।

—नागर में भाषण (1 जून, 1916)

(लोकमान्य तिलक : हिज राइटिंग्स एंड स्पीचेज, पृ. 218)

* * *

मैक्समूलर

मैक्समूलर 'वसुधैव कुटुंबकम्' की वृत्ति रखते थे, श्वान व चांडाल के प्रति समान दृष्टि रखनेवाले सच्चे पंडित थे और इसी कारण राजा-महाराजाओं से भी श्रेष्ठ थे, क्योंकि 'स्वदेशे पूज्यते राजा विद्वान् सर्वत्र पूज्यते'।

—लोकमान्य तिलक : एक जीवनी, पृ. 111

* * *

मोक्ष

मेरी धारणा है, मुक्ति का निश्चित मार्ग यही है कि विश्व की सेवा करके ही ईश्वर की इच्छा को पूरा किया जाए। यह कार्य संसार में रहते हुए ही किया जा सकता है, इससे दूर रहकर नहीं।

—गीता-रहस्य पर वार्त्ता (अमरावती, 1917)

(लोकमान्य तिलक : हिज राइटिंग्स एंड स्पीचेज, पृ. 263)

* * *

मोक्ष और कामना

यदि कोई जीवन के चरम लक्ष्य (मोक्ष) को प्राप्त करना चाहता है, तो उसे सभी सांसारिक कामनाओं से विरक्त हो जाना चाहिए और संसार छोड़ देना चाहिए। एक

समय में व्यक्ति दो स्वामियों (अर्थात् विश्व और ईश्वर की) सेवा नहीं कर सकता।

—गीता-रहस्य पर वार्त्ता (अमरावती, 1917)

(लोकमान्य तिलक : हिज राइटिंग्स एंड स्पीचेज, पृ. 258)

* * *

युवक

मुझे ऐसा एक भी युवक नहीं दिखाई दिया, जिसे स्वतंत्रता से प्रेम न हो, जिसे कानून या व्यवस्था बिलकुल पसंद न हो या जिसे सुनियंत्रित राज्य-सत्ता की आवश्यकता महसूस न होती हो।

—लोकमान्य तिलक : एक जीवनी, पृ. 154

* * *

राजा

इसमें कोई संदेह नहीं कि राजा या संप्रभु ईश्वर का प्रतिनिधि है, परंतु वेदांत के अनुसार प्रजा का प्रत्येक व्यक्ति ईश्वर का प्रतिनिधि है। क्या प्रत्येक जीवात्मा ब्रह्म के एक ही रूप का अंश नहीं है? ऐसा मान लेना हास्यास्पद होगा कि भारत के प्राचीन संविधान-निर्माता राजा को जनता के प्रति किए जानेवाले कर्तव्यों से मुक्त रखते थे। मनु महाराज ने स्पष्ट रूप से क्यों लिखा कि राजा अदंडनीय लोगों को दंड देता है या दंडनीय लोगों को दंड नहीं देता तो वह नरक का भागी होता है।

—शिवाजी अभिषेक दिवस पर भाषण (25 जून, 1907)

(लोकमान्य तिलक : हिज राइटिंग्स एंड स्पीचेज, पृ. 62)

* * *

यदि राजा को अपने राज्य की कोई सूचना ही नहीं है तो वह राज्य का प्रशासन चलाने योग्य नहीं होगा।

—नागर में भाषण (1 जून, 1916)

(लोकमान्य तिलक : हिज राइटिंग्स एंड स्पीचेज, पृ. 193)

* * *

राज्य-सत्ता

पूर्वी विचारधाराओं के अनुसार राज-सत्ता में रहनेवाला दैवी तत्त्व अपनी विशेष सीमाओं से मुक्त नहीं है। मैं हर व्यक्ति को चुनौती देता हूँ, जो यह लिखा हुआ दिखा सके कि प्रजा ने शासक के, चाहे वह कोई भी हो, अत्याचारों को मौनभाव से स्वीकार किया है।

—शिवाजी अभिषेक दिवस पर भाषण (25 जून, 1907)

(लोकमान्य तिलक : हिज राइटिंग्स एंड स्पीचेज, पृ. 63)

* * *

राष्ट्र

जब एक लड़का बहुत छोटा होता है, उसे कुछ नहीं पता होता। जब वह बड़ा होता है तो वह बातें जानने लगता है और सोचने लगता है कि क्या ही अच्छा हो कि घर का प्रबंध उसकी राय लेकर भी चलाया जाता। ठीक यही स्थिति एक राष्ट्र की भी होती है।

—हिस्टारिकल रिसर्च सोसाइटी में भाषण (1 मई, 1916)

(लोकमान्य तिलक : हिज राइटिंग्स एंड स्पीचेज, पृ. 109-110)

❋ ❋ ❋

जब तक कोई राष्ट्र अपना हित स्वयं करने के लिए स्वतंत्र नहीं है, अथवा जब तक राष्ट्र को अपने हित की व्यवस्था करने की शक्ति प्राप्त नहीं है, तब तक मेरा विचार है, आपका पेट नहीं भर सकता यदि दूसरे लोग ऐसे ही खिलाते रहे।

—लोकमान्य तिलक : हिज राइटिंग्स एंड स्पीचेज, पृ. 209

❋ ❋ ❋

मुख्य प्रश्न यह है कि क्या किसी राष्ट्र के साथ पशुओं जैसा व्यवहार करना चाहिए या राष्ट्र के लोगों को मनुष्य मानकर, उनकी भावनाओं को और उनकी स्वतंत्रता की भावना को सही दिशा देकर उन्हें सभ्य राष्ट्रों की श्रेणी में लाने का प्रयत्न करना चाहिए।

—नागर में भाषण (1 जून, 1916)

(लोकमान्य तिलक : हिज राइटिंग्स एंड स्पीचेज, पृ. 181-182)

❋ ❋ ❋

राष्ट्र के प्रति प्रेम-भाव हमारा सर्वप्रथम कर्तव्य है। धर्म और सरकार के प्रति प्रेम की बात बाद में आती है। राष्ट्र के प्रति दायित्व हमारा पहला कर्तव्य है।

—कलकत्ता में भाषण (7 जून, 1906)

(लोकमान्य तिलक : हिज राइटिंग्स एंड स्पीचेज, पृ. 27)

❋ ❋ ❋

राष्ट्रभाषा

मैं ऐसे राष्ट्रीय आंदोलन की बात कर सकता हूँ, जिससे सारा भारत एक सामान्य भाषा या राष्ट्रभाषा अपना सके; एक भाषा राष्ट्रीयता का महत्त्वपूर्ण तत्त्व है। आप एक सामान्य भाषा के माध्यम से अपने विचार दूसरों तक पहुँचा सकते हैं।

—नागरी प्रचारिणी सभा, वाराणसी में भाषण (दिसंबर 1905)

(लोकमान्य तिलक : हिज राइटिंग्स एंड स्पीचेज, पृ. 2)

❋ ❋ ❋

यदि आप राष्ट्र को एकता के सूत्र में बाँधना चाहते हैं तो सबके लिए एक सामान्य भाषा से अधिक प्रबल शक्ति कोई और नहीं हो सकती।

—नागरी प्रचारिणी सभा, वाराणसी में भाषण (दिसंबर 1905)

(लोकमान्य तिलक : हिज राइटिंग्स एंड स्पीचेज, पृ. 2)

❋ ❋ ❋

राष्ट्रीय विद्यालय

गाँवों में कोई सुविधाजनक स्कूल नहीं हैं, हमारे गाँव के लोग अपने बच्चों को प्रशिक्षित नहीं कर सकते। इसलिए यह काम हमें शुरू करना चाहिए। इस मामले पर पर्याप्त वाद-विवाद हो चुका है। और अंत में हम इस निष्कर्ष पर आए हैं कि उपयुक्त शिक्षा देने के लिए देश के प्रत्येक क्षेत्र में राष्ट्रीय स्कूलों की स्थापना की जाए।

—राष्ट्रीय शिक्षा पर भाषण (1908)

(लोकमान्य तिलक : हिज राइटिंग्स एंड स्पीचेज, पृ. 72)

❋ ❋ ❋

राष्ट्रीय विद्यालयों में हिंदुओं को हिंदुत्व की और मुसलमानों को इसलाम की शिक्षा दी जाएगी। वहाँ यह भी पढ़ाया जाएगा कि दूसरे धर्मों के बीच पाए जानेवाले मतभेदों को दूर कर दिया जाए और भुला दिया जाए।

—राष्ट्रीय शिक्षा पर भाषण (1908)

(लोकमान्य तिलक : हिज राइटिंग्स एंड स्पीचेज, पृ. 74)

❋ ❋ ❋

लक्ष्य

आपके लक्ष्य की पूर्ति स्वर्ग से आए किसी जादू से नहीं हो सकेगी। आपको ही अपना लक्ष्य प्राप्त करना है। कार्य करने और कठोर श्रम करने के दिन यही हैं।

—राष्ट्रीय कांग्रेस के अवसर पर भाषण (1916)

(लोकमान्य तिलक : हिज राइटिंग्स एंड स्पीचेज, पृ. 227)

❋ ❋ ❋

क्या आप यह कहना चाहते हैं कि अपनी प्रार्थना से आप अपने कर्मों का मार्ग नहीं बदल सकते? प्रातः-सायं आप होमरूल के लिए प्रार्थना कीजिए, मैं विश्वास के साथ कह सकता हूँ कि एक-दो वर्ष में आप अपना लक्ष्य प्राप्त कर लेंगे।

—कानपुर में जनसभा (1 जनवरी, 1917)

(लोकमान्य तिलक : हिज राइटिंग्स एंड स्पीचेज, पृ. 249)

❋ ❋ ❋

मनुष्य का प्रमुख लक्ष्य भोजन प्राप्त करना ही नहीं है। परिवार का पेट पालना ही मनुष्य का जीवन-लक्ष्य नहीं है। एक कौआ भी जीवित रहता है और जूठन पर पलता है। *—नागर में भाषण (1जून, 1916)*

(लोकमान्य तिलक : हिज राइटिंग्स एंड स्पीचेज, पृ. 180)

* * *

लघु उद्योग

हमारे देश में यही उत्तम होगा कि लघु उद्योग खोले जाएँ और सब देश में फैला दिए जाएँ। उदाहरण के लिए दियासलाइयों का निर्माण सभी प्रांतों में प्रारंभ किया जा सकता है—ऐसी छोटी-छोटी चीजों के लिए—जैसे पेंसिल, होल्डर, पिन, सुई—हम दूसरों पर निर्भर हो गए हैं। इन चीजों के निर्माण के लिए हमारे नवयुवकों को प्रशिक्षित करने के लिए सरकार तकनीकी विद्यालय क्यों नहीं स्थापित करती ?

—बाल गंगाधर तिलक, पृ. 315

* * *

लाला लाजपतराय

एक देशभक्त का सम्मान करने की बात है तो लाला लाजपतराय ने बड़े त्याग किए हैं तथा देश के लिए सहा है और उनकी एवं रासबिहारी घोष की कोई तुलना नहीं की जा सकती। *—केसरी (10 दिसंबर, 1907)*

(बाल गंगाधर तिलक, पृ. 188)

* * *

लाला लाजपतराय ने ऐसा कुछ नहीं किया जो अवैधानिक हो, फिर भी पूरे शासन-तंत्र ने उनके विरुद्ध षड्यंत्र रचा और उन्हें साधारण व्यक्ति की भाँति निर्वासित कर दिया। मुझे ऐसा कोई अधिक स्पष्ट संकेत नहीं मिलता, जिससे ब्रिटिश सरकार की महानता परिलक्षित होती हो वरन् उसमें ह्रास और अनैतिकता आ गई है।

—शिवाजी अभिषेक दिवस पर भाषण (25 जून, 1907)

(लोकमान्य तिलक : हिज राइटिंग्स एंड स्पीचेज, पृ. 57)

* * *

लिपि

सामान्य लिपि का चयन करते समय हमें इस तथ्य को भी ध्यान में रखना होगा कि प्रचलित लिपियों में से कौन सी लिपि अधिक विस्तृत क्षेत्र में प्रयोग की जाती है।

—नागरी प्रचारिणी सभा, वाराणसी में भाषण (दिसंबर, 1905)

(लोकमान्य तिलक : हिज राइटिंग्स एंड स्पीचेज, पृ. 9)

* * *

हम कोई भी लिपि अपनाएँ, वह लिखने में सरल हो, दर्शनीय हो और लिखने में प्रवाहशील हो। जिन अक्षरों का आप उपयोग करें, वे इतने सक्षम हों कि सभी आर्य भाषाओं की ध्वनियाँ उन अक्षरों से अभिव्यक्त हो सकें।

—नागरी प्रचारिणी सभा, वाराणसी में भाषण (दिसंबर, 1905)
(लोकमान्य तिलक : हिज राइटिंग्स एंड स्पीचेज, पृ. 8)

* * *

लोक-संग्रह

ज्ञान से और श्रद्धा से—पर इसमें भी विशेषतः भक्ति के सुलभ राजमार्ग से—जितनी हो सके उतनी समबुद्धि करके लोकसंग्रह के निमित्त स्वधर्मानुसार अपने-अपने कर्म निष्काम बुद्धि से मरणपर्यंत करते रहना ही प्रत्येक मनुष्य का परम कर्तव्य है। इसी में उसका सांसारिक और पारलौकिक परम कल्याण है; तथा उसे मोक्ष की प्राप्ति के लिए कर्म छोड़ बैठने की अथवा और कोई भी दूसरा अनुष्ठान करने की आवश्यकता नहीं है।

—श्रीमद्‌भगवद्‌गीता रहस्य अथवा कर्मयोगशास्त्र, पृ. 597

* * *

ज्ञानी पुरुषों के कर्तव्यों में 'लोक-संग्रह' करना एक मुख्य कर्तव्य है; अर्थात् अपने बर्ताव से लोगों को सन्मार्ग की शिक्षा देना और उन्हें उन्नति के मार्ग में लगा देना, ज्ञानी पुरुष ही का कर्तव्य है। मनुष्य कितना ही ज्ञानवान क्यों न हो जाए; परंतु प्रकृति के व्यवहारों से उसका छुटकारा नहीं है। इसलिए कर्मों को छोड़ना तो दूर ही रहा; परंतु कर्तव्य समझकर स्वधर्मानुसार कर्तव्य करते रहना और—आवश्यकता होने पर—उसी में मर जाना भी श्रेयस्कर है।

—श्रीमद्‌भगवद्‌गीता रहस्य अथवा कर्मयोगशास्त्र, पृ. 449

* * *

बजट

सबसे पहले सेना पर होनेवाले व्यय का निर्धारण करना होगा। सेना का भुगतान सबसे पहले किया जाएगा। इसके बाद यदि धन बचता है तो उसे शिक्षा-व्यवस्था में लगाया जाएगा।

—अहमदनगर में भाषण (31 मई, 1916)
(लोकमान्य तिलक : हिज राइटिंग्स एंड स्पीचेज, पृ. 159)

* * *

वर्ण

यदि चारों वर्णों में से कोई भी एक वर्ण अपना धर्म अर्थात् कर्तव्य छोड़ दे, यदि

कोई वर्ण समूल नष्ट हो जाए, और उसकी स्थानपूर्ति दूसरे लोगों से न की जाए, तो कुल समाज उतना ही पंगु होकर धीरे-धीरे नष्ट भी होने लग जाता है, अथवा वह निकृष्ट अवस्था में तो अवश्य ही पहुँच जाता है।

— श्रीमद्‌भगवद्‌गीता रहस्य अथवा कर्मयोगशास्त्र, पृ. 65

❋ ❋ ❋

वर्ण-व्यवस्था

पुराने जमाने के ऋषियों ने श्रम-विभागरूप चातुर्वर्ण्य संस्था इसलिए चलाई थी कि समाज के सब व्यवहार सरलता से होते जाएँ, किसी एक विशिष्ट व्यक्ति या वर्ग पर ही सारा बोझ न पड़ने पाए, और समाज का सभी दिशाओं से संरक्षण और पोषण भली-भाँति होता रहे। यह बात भिन्न है कि कुछ समय के बाद चारों वर्णों के लोग केवल जातिमात्रोपजीवी हो गए; अर्थात् सच्चे स्वकर्म को भूलकर वे केवल नामधारी ब्राह्मण, क्षत्रिय, वैश्य अथवा शूद्र हो गए। इसमें संदेह नहीं, कि आरंभ में यह व्यवस्था समाजधारणार्थ ही की गई थी।

— श्रीमद्‌भगवद्‌गीता रहस्य अथवा कर्मयोगशास्त्र, पृ. 65

❋ ❋ ❋

विकेंद्रीकरण

(अधिकारी लोगों) का विश्वास है कि शक्ति के अति केंद्रीकरण के कारण उनका जीवन यांत्रिक अथवा निर्जीव बन गया है, और जनता तथा अधिकारियों के बीच कटुता आने का मुख्य कारण भी अति केंद्रीकरण ही है। इस स्वीकार्य बुराई को दूर करने का एकमात्र उपाय शक्ति का विकेंद्रीकरण करना है।

—(लोकमान्य तिलक : हिज राइटिंग्स एंड स्पीचेज, पृ. 81)

❋ ❋ ❋

विचार

आपके विचार स्पष्ट हों, आपके लक्ष्य ईमानदार हों, और आपके प्रयास संवैधानिक हों तो मुझे पूर्ण विश्वास है कि आपको अपने प्रयत्नों में सफलता मिलेगी।

— कानपुर में जनसभा (1 जनवरी, 1917)

(लोकमान्य तिलक : हिज राइटिंग्स एंड स्पीचेज, पृ. 256-257)

❋ ❋ ❋

विदेशी

उसे विदेशी माना जा सकता है, जो अपना कर्तव्य पूरा नहीं करता, वरन् अपना ही भला चाहता है, अपनी बात का भला चाहता है और अपने मूल देश का भला चाहता है।

— अहमदनगर में भाषण (31 मई, 1916)

(लोकमान्य तिलक : हिज राइटिंग्स एंड स्पीचेज, पृ. 147)

❋ ❋ ❋

जो भारतीय बच्चों, मनुष्यों और निवासियों के लिए अच्छा करने की इच्छा रखते हैं, वे विदेशी नहीं हैं। विदेशी होने का मेरा अभिप्राय विदेशी धर्म माननेवालों से नहीं है। जो इस देशवासियों की भलाई चाहता है, वह चाहे मुसलमान हो या अंग्रेज, विदेशी नहीं है। 'विदेशीपन' तो व्यक्ति की रुचियों में होता है।

—अहमदनगर में भाषण (31 मई, 1916)
(लोकमान्य तिलक : हिज राइटिंग्स एंड स्पीचेज, पृ. 146)

❋ ❋ ❋

विदेशीपन

विदेशीपन का संबंध काली और गोरी चमड़ी से नहीं है; विदेशीपन धर्म से संबंधित नहीं है, विदेशीपन व्यापार और व्यवसाय से भी संबंधित नहीं है। मैं उसे विदेशी नहीं मानता, जो इस देश में जहाँ उसे, उसके बच्चों को और भावी पीढ़ी को रहना है, ऐसी व्यवस्था लाना चाहता है, जिससे इस देश में समृद्धि आ सके और देशवासी लाभान्वित हो सकें।

—अहमदनगर में भाषण (31 मई, 1916)
(लोकमान्य तिलक : हिज राइटिंग्स एंड स्पीचेज, पृ. 146)

❋ ❋ ❋

विदेशी भाषा

इन दिनों जो अच्छी बोल लेता है अथवा लिख लेता है, उसे शिक्षित कहा जाता है। परंतु केवल भाषा-ज्ञान ही सच्ची शिक्षा नहीं है। भारत के अतिरिक्त और किसी देश में विदेशी भाषाओं का अध्ययन करना अनिवार्य नहीं है। हम विदेशी भाषा के माध्यम से शिक्षा पाने में बीस-पच्चीस वर्ष लगाते हैं, इसे हम सात-आठ वर्षों में ही ग्रहण कर सकते हैं, यदि इसे भारतीय भाषाओं के माध्यम से लिया जाए।

—राष्ट्रीय शिक्षा पर भाषण (1908)
(लोकमान्य तिलक : हिज राइटिंग्स एंड स्पीचेज, पृ. 74-75)

❋ ❋ ❋

दूसरा काम जो हम करेंगे, वह विदेशी भाषाओं के भार को कम करना होगा।

—राष्ट्रीय शिक्षा पर भाषण (1908)
(लोकमान्य तिलक : हिज राइटिंग्स एंड स्पीचेज, पृ. 74)

❋ ❋ ❋

विपत्तियाँ

हमारा वेदांत कहता है कि संसार में प्रसन्नता कम और बुराइयाँ तथा विपत्तियाँ

अधिक हैं। संसार में इन बुराइयों से बचा नहीं जा सकता। दूरदृष्टि से लगता है कि हमारे मार्ग में खतरे आनेवाले हैं, जिनके लक्षणों का अभाव नहीं है।

—कानपुर में जनसभा (1 जनवरी, 1917)

(लोकमान्य तिलक : हिज राइटिंग्स एंड स्पीचेज, पृ. 255)

* * *

विद्यार्थी और राजनीति

सारे हिंदुस्तान में जब स्वदेशी के प्रसार का काम चल रहा है, तब लोगों की मदद से स्थापित किए गए कॉलेज के प्रिंसिपल स्वदेशी आंदोलन में शामिल होने के कारण विद्यार्थी पर जुर्माना करें, यह देखकर बहुत हैरानी होती है। देश के अन्य नेता जब राष्ट्र के हित के लिए आंदोलन कर रहे हैं, ऐसे समय पर उसकी शिक्षा विद्यार्थियों को विद्यार्थी-काल में ही मिलनी चाहिए। आज ऐसा न हो सकेगा तो फिर वैसी शिक्षा उन्हें कब मिलेगी ? क्योंकि आज का विद्यार्थी अपना विद्यार्थी-जीवन समाप्त करने पर और नौकरी मिल जाने पर नौकर बन जाता है और बाद में पेंशनर। अर्थात् बाद में एक प्रकार से उसे अपना पूरा जीवन गुलाम की तरह ही बिताना पड़ेगा। राष्ट्रीय या सार्वजनिक कार्य में विद्यार्थियों को भाग न लेने देना राष्ट्र के हित के लिए बड़ा घातक है।

— स्वदेशी की सभा में भाषण देने के कारण सावरकर को छात्रावास से निकाल देने पर

(लोकमान्य तिलक, एक जीवनी, पृ. 130)

* * *

विद्रोह करें

अगर आप अत्याचारी शासन में मर रहे हैं, तो यह आपका कसूर है, सरकार का नहीं। अगर यह असह्य हो जाए तो विद्रोह करो, और अंग्रेजों के लिए शासन चलाना असंभव कर दें।

— केसरी (29 दिसंबर, 1903)

* * *

विरोध

विरोध की वास्तविक बात यह नहीं है कि अध्यक्ष किसे होना चाहिए, बल्कि यह है कि क्या वर्ग-विशेष के लोगों को तानाशाहपूर्ण व्यवहार करने और दूसरों के दृष्टिकोण का दमन करने को मुक्त छोड़ दिया जाना चाहिए ? नेशनलिस्ट भी कांग्रेस को चाहते हैं। हम घोषित करते हैं कि उनके इरादे उसे तोड़ने या अशांतिपूर्ण स्थिति उत्पन्न करने के नहीं हैं। परंतु वे मेहता और वाचा का एकाधिकार या तानाशाही नहीं चलने देंगे और न वे गोखले

से ही निर्देशित होने को तैयार हैं, जो कि सरकार को अप्रसन्न न करने के लिए चिंतित हैं। अध्यक्ष के चुनाव के बारे में मतभेद की जड़ यही है। यह सिद्धांत का है, व्यक्तियों का नहीं। *—केसरी (17 दिसंबर, 1907)*

❋ ❋ ❋

विवेकानंद

हिंदू-धर्म के उज्ज्वल स्वरूप का दर्शन कराना और हमारी इस अनमोल संपत्ति का सारी दुनिया में प्रचार करना हमारा सही कर्तव्य है। यह कार्य केवल भाषण देकर ही नहीं, बल्कि अपने आचरण के द्वारा सारी दुनिया के सामने प्रस्तुत करनेवाले सत्पुरुष हजार-बारह सौ वर्ष पहले एक शंकराचार्य हुए थे और दूसरे 19 वीं सदी में स्वामी विवेकानंद। *—विवेकानंद की मृत्यु पर लेख*

(लोकमान्य तिलक : एक जीवनी, पृ. 120)

❋ ❋ ❋

विश्वास

मानवता की उज्ज्वल समृद्धि में विश्वास रखिए अथवा विकास के नियमों में विश्वास रखिए। मैं विश्वास करता हूँ, आप इस विश्वास के बल पर एक-दो वर्ष में अपने लक्ष्य को अवश्य पहचान लेंगे।

—लखनऊ में थियोसॉफिकल कन्वेंशन में भाषण (30 दिसंबर, 1916)

(लोकमान्य तिलक : हिज राइटिंग्स एंड स्पीचेज, पृ. 231)

❋ ❋ ❋

विषय

केवल विषयभोग-सुख कभी पूर्ण होनेवाला नहीं। वह अनित्य और पशुधर्म है। अतएव इस संसार में बुद्धिमान् मनुष्य का सच्चा ध्येय इस अनित्य पशुधर्म से ऊँचे दरजे का होना चाहिए। *—श्रीमद्भगवद्गीता रहस्य अथवा कर्मयोगशास्त्र, पृ. 120*

❋ ❋ ❋

वीर

प्रत्येक वीर चाहे वह भारतीय हो या यूरोपीय, अपने समय की भावना के अनुरूप काम किया करता है, इसलिए हमें उसके वैयक्तिक कार्यों का मूल्यांकन उस समय में प्रचलित मापदंड के आधार पर करना चाहिए। यदि यह सिद्धांत स्वीकार कर लिया जाए तो शिवाजी के जीवन में ऐसा कुछ नहीं मिलेगा, जिस पर किसी को कोई आपत्ति हो।

—मराठा (24 जून, 1906)

(लोकमान्य तिलक : हिज राइटिंग्स एंड स्पीचेज, पृ. 31)

❋ ❋ ❋

वीरपूजा

मानव-प्रकृति में वीर-पूजा की भावना गहरी जमी हुई है; अपनी राजनीतिक आकांक्षाओं को पूरा करने के लिए हमें उस शक्ति की आवश्यकता है, जिससे स्वदेशी वीर हमें प्रेरित करता है। शिवाजी का जन्म ऐसे समय में हुआ था जब सारा राष्ट्र 'कुशासन' से मुक्त होना चाहता था। अपने 'आत्म-त्याग' और साहस से उन्होंने विश्व को यह जता दिया कि भारत को भाग्य के भरोसे नहीं छोड़ा जा सकता। यह सच है कि उस समय हिंदू और मुसलमान विभाजित थे और शिवाजी मुसलमानों की धार्मिक भावनाओं का आदर करते थे, उन्हें असह्य मुसलमान शासन के विरुद्ध लड़ना पड़ा। *—मराठा (24 जून, 1906)*

(लोकमान्य तिलक : हिज राइटिंग्स एंड स्पीचेज, पृ. 28)

* * *

वेदांग और योग

यदि आप थोड़ा-सा प्रयास करें और एकता को अपना लक्ष्य बना लें तो आपके सामने आपका उज्ज्वल भविष्य होगा। आजकल अमेरिकावासी वेदांत को केवल पढ़ ही नहीं रहे हैं वरन् उसका गंभीरता से अध्ययन भी कर रहे हैं। कोई भी यूरोपीय डॉक्टर यह विश्वास नहीं करता कि हृदय-स्पंदन को स्वेच्छा से रोका जा सकता है। परंतु यह सिद्ध हो चुका है कि स्वेच्छा से हृदय-स्पंदन को रोका जा सकता है। आधुनिक विज्ञान से वेदांत और योग दोनों न्याय-संगत प्रमाणित हुए हैं और ये आपको आध्यात्मिक एकता प्रदान करते हैं। *—धर्म के संबंध में व्याख्यान, बनारस (3 जनवरी, 1906)*

* * *

वैदिक धर्म

मीमांसकों का केवल कर्म मार्ग, जनक आदि का ज्ञानयुक्त कर्मयोग (नैष्कर्म्य), उपनिषत्कारों तथा सांख्यों की ज्ञाननिष्ठा और संन्यास, चित्तनिरोधरूपी पातंजलयोग एवं पांचरात्र वा भागवत्धर्म अर्थात् भक्ति—ये सभी धार्मिक अंग और तत्त्व मूल में प्राचीन वैदिक धर्म के ही हैं। इनमें से ब्रह्मज्ञान, कर्म और भक्ति को छोड़कर, चित्तनिरोधरूपी योग तथा कर्मसंन्यास इन्हीं दोनों तत्त्वों के आधार पर बुद्ध ने पहले-पहल अपने संन्यास-प्रधान धर्म का उपदेश चारों वर्णों को किया था। परंतु आगे चलकर उसी में भक्ति तथा निष्काम कर्म को मिलाकर बुद्ध के अनुयायियों ने उसके धर्म का चारों ओर प्रसार किया। अशोक के समय बौद्धधर्म का इस प्रकार प्रचार हो जाने के पश्चात् शुद्ध कर्मप्रधान यहूदीधर्म में संन्यासमार्ग के तत्त्वों का प्रवेश होना आरंभ हुआ, और अंत में, उसी में भक्ति को मिलाकर ईसा ने अपना धर्म प्रवृत्त किया।

—श्रीमद्भगवद्गीता रहस्य अथवा कर्मयोगशास्त्र, पृ. 593-594

* * *

यह निर्विवाद है कि बुद्ध का जन्म होने के पहले ही वैदिक धर्म पूर्ण अवस्था में पहुँच चुका था; और न केवल उपनिषद् ही; बल्कि धर्म-सूत्रों के समान ग्रंथ भी उसके पहले ही तैयार हो चुके थे। क्योंकि, पाली भाषा के प्राचीन बौद्ध धर्मग्रंथों ही में लिखा है कि 'चारों वेद, वेदांग, व्याकरण, ज्योतिष, इतिहास और निघंटु' आदि विषयों में प्रवीण सत्त्वशील गृहस्थ ब्राह्मणों तथा जटिल तपस्वियों से गौतम बुद्ध ने वाद करके उनको अपने धर्म की दीक्षा दी।

—श्रीमद्भगवद्गीता रहस्य अथवा कर्मयोगशास्त्र, पृ. 572

* * *

व्यवस्था

उस देश में कोई व्यवस्था नहीं होती, कोई राजा नहीं होता, जहाँ कोई पर्यवेक्षक-संस्था नहीं होती; महाभारत में आया है—एक बुद्धिमान व्यक्ति को उस स्थान पर क्षणभर के लिए भी नहीं रहना चाहिए, जहाँ की व्यवस्था ठीक न हो, ऐसे स्थान पर हमारा जीवन नष्ट हो सकता है, हमारा धन चुराया जा सकता है, हमारे घर में डाका डाला जा सकता है और इतना ही नहीं, घर में आग भी लगाई जा सकती है। वहाँ कोई-न-कोई सरकार होनी चाहिए।

—हिस्टारिकल रिसर्च सोसाइटी में भाषण (1 मई, 1916)
(लोकमान्य तिलक : हिज राइटिंग्स एंड स्पीचेज, पृ. 101)

* * *

व्यवस्थापक

क्या आप अपनी दुकान के लिए अपने से चतुर एजेंट नहीं चाहेंगे? ऐसे चतुर व्यक्ति हो सकते हैं। परंतु क्या आप अपनी दुकान ऐसे व्यक्ति को सौंपकर एक ओर खड़े हो जाएँगे और वह जो पैसा आपको स्वेच्छा से देगा, उसे स्वीकार कर लेंगे? यह व्यापार का एक बड़ा प्रश्न है और यह प्रश्न किसी भी विषय में हो सकता है।

—नागर में भाषण (1 जून, 1916)
(लोकमान्य तिलक : हिज राइटिंग्स एंड स्पीचेज, पृ. 198)

* * *

शक्ति

अपना भाग्य निर्मित कर सकने की शक्ति के बिना हमारा राष्ट्रीय पुनरुत्थान नहीं हो सकता और अपने पूरे जीवन भर मैं अपने इस मत का प्रतिपादन और प्रचार करता रहा हूँ।

—बाल गंगाधर तिलक, पृ. 521

* * *

जहाँ शक्ति होती है, वहाँ बुद्धि होती है, बुद्धि शक्ति से पृथक् नहीं होती।

—नागर में भाषण (1 जून, 1916)

(लोकमान्य तिलक : हिज राइटिंग्स एंड स्पीचेज, पृ. 174)

* * *

शक्ति नहीं तो ज्ञान (बुद्धि) नहीं। केवल पुस्तकीय ज्ञान निरर्थक है। क्या आप सोचते हैं, जो हम लोगों पर शासन करने आए हैं, बुद्धि और ज्ञान में हमसे श्रेष्ठ हैं ? मेरा अपना ऐसा विश्वास नहीं है।

—नागर में भाषण (1 जून, 1916)

(लोकमान्य तिलक : हिज राइटिंग्स एंड स्पीचेज, पृ. 175)

* * *

शक्तियों का एक अंश हमारे हाथ में दो, इसके बिना हम अनाथ हो गए हैं।

—नागर में भाषण (1 जून, 1916)

(लोकमान्य तिलक : हिज राइटिंग्स एंड स्पीचेज, पृ. 203)

* * *

शक्तिशाली

कायर न बनें, शक्तिशाली बनें और विश्वास रखें कि ईश्वर आपके साथ है। याद रखिए 'ईश्वर उनकी सहायता करता है, जो अपनी सहायता स्वयं करते हैं'।

—कानपुर में जनसभा (1 जनवरी, 1917)

(लोकमान्य तिलक : हिज राइटिंग्स एंड स्पीचेज, पृ. 256-257)

* * *

शब्द

शब्दों का निर्माण संस्थाओं के लिए हुआ है, संस्थाएँ शब्दों के लिए नहीं हैं।

— नासिक सम्मेलन में होमरूल प्रस्ताव पर भाषण (1917)

(लोकमान्य तिलक : हिज राइटिंग्स एंड स्पीचेज, पृ. 296)

* * *

शरीर

मनुष्य का शरीर (पिंड, क्षेत्र या देह) एक बहुत बड़ा कारखाना ही है। जैसे किसी कारखाने में पहले बाहर का माल भीतर लिया जाता है; फिर उस माल का चुनाव या व्यवस्था करके इस बात का निश्चय किया जाता है कि कारखाने के लिए उपयोगी और निरुपयोगी पदार्थ कौन से हैं; और तब बाहर से लाए गए कच्चे माल से नई चीजें बनाते; और उन्हें बाहर भेजते हैं, वैसे ही मनुष्य की देह में भी प्रतिक्षण अनेक व्यापार

हुआ करते हैं। इस सृष्टि के पाँच भौतिक पदार्थों का ज्ञान प्राप्त करने के लिए मनुष्य की इंद्रियाँ ही प्रथम साधन हैं।

—श्रीमद्भगवद्गीता रहस्य अथवा कर्मयोगशास्त्र, पृ. 131

* * *

शासक

शासकों का कर्तव्य है कि वह अकाल के समय प्रजा की रक्षा करें। हमारी सरकार ने तो हमसे पैसे लेकर अकाल का बीमा करवा लिया है। खुद महारानी साहिबा का हुकम निकला है कि अकाल से लोगों को मरने न दिया जाए। उप-भारत-सचिव ने पार्लियामेंट में कहा है कि अगर हमारी तिजोरी के पैसे पूरे न हुए तो कम कर लेकर भी लोगों की जान बचाएँगे। सरकार की ओर से अगर सचमुच इतनी तैयारी है, तो समझ में नहीं आता कि लोग नाहक क्यों मरते हैं? ऐसा नहीं होना चाहिए कि दाता तो हो, लेकिन माँगनेवाले न मिलें। अगर दाता सच्चा होगा तो अवश्य ही टिका रहेगा, नहीं तो उसकी पोल खुल जाएगी।...अगर आपके पास सरकार का लगान देने के लिए पैसे हैं, तो अवश्य दीजिए, पर न हों तो सिर्फ नीचे दरजे के सरकारी अमलदारों से डरकर अपनी जायदाद मत बेचिए।

—पूना में अकाल के समय (1896)

(लोकमान्य तिलक : एक जीवनी, पृ. 92)

* * *

शासक को प्रजा के साथ व्यवहार करते समय रंग-भेद की नीति को महत्त्व नहीं देना चाहिए।

—लोकमान्य तिलक : हिज राइटिंग्स एंड स्पीचेज, पृ. 340

* * *

शासक/ जनता

शासक अत्याचारी हो जाते हैं, क्योंकि जनता अपनी शक्ति नहीं जताती। अगर वह एक होकर ऐसा करे तो शासक उसके सामने शक्तिहीन हो जाएँगे।

—बालगंगाधर तिलक, पृ. 288

* * *

शासक-शासित

शासकों और शासितों के बीच का अलगाव तब तक दूर नहीं हो सकता, जब तक जनता को अपने मामलों की व्यवस्था में स्वयं परामर्श देने का अवसर नहीं मिलता, जिससे वे विवेकपूर्ण उदारवाद की भावना और सहानुभूति पाकर भारत को विकासशील देश के रूप में ऊपर उठा सकें।

—राष्ट्रीय शिक्षा पर भाषण (1908)

(लोकमान्य तिलक : हिज राइटिंग्स एंड स्पीचेज, पृ. 89)

* * *

शासन-प्रणाली

यह आशा करना कि प्रारंभिक दिनों की ढीली और अनियमित शासन-प्रणाली अधिकारियों और लोगों के बीच की कटुता को दूर कर देगी, मूर्खता होगी। यह सच है कि प्रारंभिक दिनों में अधिकारियों और जनता के बीच मधुर संबंध थे, परंतु ये मधुर संबंध प्रशासन की ढिलाई के कारण नहीं थे।

—राष्ट्रीय शिक्षा पर भाषण (1408)

—लोकमान्य तिलक : हिज राइटिंग्स एंड स्पीचेज, पृ. 82

* * *

यह तो पहननेवाला ही जानता है कि जूता कहाँ काटता है। दूसरे लोग इसे नहीं जान सकते। यही एकमात्र कारण है। और कोई कारण नहीं है। यदि आप उन शिकायतों पर, जो भारत में पैदा हो रही हैं, सूक्ष्मता के साथ विचार करते हैं तो आपको पता लग जाएगा कि हमें अब प्रचलित शासन-प्रणाली नहीं चाहिए।

—हिस्टारिकल रिसर्च सोसाइटी में भाषण (1 मई, 1916)

(लोकमान्य तिलक : हिज राइटिंग्स एंड स्पीचेज, पृ. 111)

* * *

शासन-शासक

अगर शासन अन्यायी हो, तो उसे सुधार करने का प्रयत्न करना राजद्रोह नहीं है। इसको राजद्रोह कहने का मतलब यह मान लेना है कि शासक अपने अधीन लोगों के प्रति न्याय की, उनके नैतिक गुणों को विकसित करने की और उनके प्रति समानता का व्यवहार करने की परवाह करते ही नहीं है। हमारा यह दृढ़ विश्वास है कि सरकार चाहे जैसी भी हो और उसका कैसा भी आकार-प्रकार हो, लेकिन उसकी वास्तविक शक्ति और आदर्श जनता का हित-साधन ही होता है। एक बार यह सिद्धांत स्वीकार कर लिया जाए तो फिर उससे यह निष्कर्ष निकलता है कि अन्याय जहाँ कहीं भी होता हो, उसका प्रतिकार किया ही जाना चाहिए, और अन्याय को दूर करने का प्रयास करना वास्तव में सरकार को अपने कर्तव्य-पालन करने में सहायता देना है।

—श्रीमती अवंतिका गोखले कृत 'गांधीजी की जीवनी' की भूमिका से (16 मार्च, 1918)

* * *

शास्त्रीय पद्धति

शास्त्रीय पद्धति वह है कि जिसके द्वारा तर्कशास्त्रानुसार साधक-बाधक प्रमाणों को क्रमसहित उपस्थित करके यह दिखला दिया जाता है कि सब लोगों की समझ में

सहज ही आ सकनेवाली बातों से किसी प्रतिपाद्य विषय के मूल तत्त्व किस प्रकार निष्पन्न होते हैं।

—श्रीमद्भगवद्गीता रहस्य अथवा कर्मयोगशास्त्र, पृ. 441

* * *

शिक्षा

अगर कल मुझे स्वराज्य मिल जाए तो मैं सर्वप्रथम शिक्षा को मुफ्त और अनिवार्य बना दूँ। *—मराठी शिक्षा परिषद्, चिकोड़ी (बेलगाँव) में भाषण*

(लोकमान्य तिलक : एक जीवनी, पृ. 173)

* * *

आपमें से बहुत से लोग अपने बच्चों को स्कूलों में पढ़ने के लिए भेजते हैं, परंतु यह नहीं सोचते कि इन बच्चों का भविष्य क्या होगा?

—नागर में भाषण (1 जून, 1916)

(लोकमान्य तिलक : हिज राइटिंग्स एंड स्पीचेज, पृ. 204)

* * *

इस समय हमारे देश के लोग वीरता, साहस और ज्ञान से युक्त नहीं हैं, जब हमारे देश की महिलाएँ शिक्षित होंगी तो उनकी संतान वीर, साहसी और ज्ञानवान होगी।

—नागर में भाषण (1 जून, 1916)

(लोकमान्य तिलक : हिज राइटिंग्स एंड स्पीचेज, पृ. 177)

* * *

शिक्षा का प्रसार करना सरकार का कर्तव्य है। लेकिन सरकार को भय है कि अगर लोग शिक्षा पाएँगे तो उनकी महत्त्वाकांक्षाएँ बढ़ेंगी और वह स्वराज्य माँगने लगेंगे। इसलिए वह अपने प्रयत्नों में सुस्त हैं। अगर हमें स्वराज्य मिलता है और मैं उसमें खुश होता हूँ तो मैं वादा करता हूँ कि मैं तुरंत ही पहले नि:शुल्क सार्वजनिक और अनिवार्य प्राथमिक शिक्षा शुरू कर दूँगा। अगर आप यह चाहते हैं तो आपको अपनी शक्ति बढ़ानी चाहिए और आप जो चाहते हैं उसे सरकार से लेने के लिए, उसे विवश कर देना चाहिए।

—मराठा जाति सम्मेलन, बेलगाँव में भाषण (13 अप्रैल, 1917)

* * *

शिक्षा के लिए सरकार के पास पैसा है ही नहीं। परंतु एक कलेक्टर को 2500 रुपए प्रतिमाह वेतन देने के लिए पैसा है। हम इस बात को कितना ही क्यों न समझाएँ, यह समझ में आनेवाली है ही नहीं। *—अहमदनगर में भाषण (31 मई, 1916)*

(लोकमान्य तिलक : हिज राइटिंग्स एंड स्पीचेज, पृ. 157)

* * *

शिक्षा वह है जो हमें अपने पूर्वजों के अनुभवों का ज्ञान देती है। यह पुस्तकों के माध्यम से या अन्य किसी माध्यम से दी जा सकती है। प्रत्येक व्यवसाय के लिए शिक्षा की आवश्यकता होती है और प्रत्येक व्यक्ति को चाहिए कि वह इसे अपने बच्चों को दे। वास्तव में ऐसा कोई व्यवसाय नहीं है, जिसके लिए शिक्षा की आवश्यकता न हो।

—राष्ट्रीय शिक्षा पर भाषण (1908)

(लोकमान्य तिलक : हिज राइटिंग्स एंड स्पीचेज, पृ. 69)

* * *

सभी लोग पढ़ें और लिखें यह बहुत आवश्यक है। व्यक्ति चाहे मुसलमान हो या किसी भी धर्म या जाति का हो, उसे कुछ-न-कुछ लिखना-पढ़ना आना ही चाहिए। संसार-भर में लोगों ने इस बात को मान लिया है।

—अहमदनगर पर भाषण (31 मई, 1916)

(लोकमान्य तिलक : हिज राइटिंग्स एंड स्पीचेज, पृ. 156)

* * *

हम अब ऐसी शिक्षा की आवश्यकता अनुभव करते हैं, जो हमें अच्छा नागरिक बनाएगी।

—राष्ट्रीय शिक्षा पर भाषण (1908)

(लोकमान्य तिलक : हिज राइटिंग्स एंड स्पीचेज, पृ. 71)

* * *

हम कहीं भी जाएँ, हमारे मार्ग में बाधाएँ पैदा की जाती हैं। शिक्षा का प्रश्न तो एक साधारण प्रश्न है। प्रत्येक गाँव में एक स्कूल होना चाहिए। इसके लिए हमारे पास पैसा कहाँ से आए? हम सरकार को कर देते हैं। क्या हम इसलिए कर देते हैं कि उसका हमारे लिए कोई उपयोग न हो? शिक्षा देने के लिए यहाँ इंग्लैंड में दी जानेवाली शिक्षा-व्यवस्था होनी चाहिए। कोष में पैसा है; इसका उपयोग किसी और काम के लिए किया जाता है। परंतु इसे उन कामों पर खर्च नहीं किया जाता, जो हमारे लिए आवश्यक हैं।

—नागर में भाषण (1 जून, 1916)

(लोकमान्य तिलक : हिज राइटिंग्स एंड स्पीचेज, पृ. 205)

* * *

शिक्षा का माध्यम

शिक्षा देशी-भाषाओं के माध्यम से दी जाए। यह महत्त्वपूर्ण प्रश्न है, इसके संबंध में मतभेद हों या न हों। इस संबंध में हमारी कोई सम्मति नहीं माँगी जाती। क्या अंग्रेज

लोग अपने लोगों को फ्रांसीसी भाषा के माध्यम से पढ़ाते हैं? क्या जर्मन लोग अपनी शिक्षा अंग्रेजी के माध्यम से देते हैं?

—लोकमान्य तिलक : हिज राइटिंग्स एंड स्पीचेज, पृ. 204

* * *

शिक्षा-प्रणाली

सबको अंग्रेजी शिक्षा देने के लिए बच्चों को सात-आठ वर्ष तक अंग्रेजी पढ़नी पड़ती है। जीवन के ये आठ वर्ष कम नहीं होते। ऐसी स्थिति विश्व के किसी और देश में नहीं है। ऐसी शिक्षा-प्रणाली किसी भी सभ्य देश में नहीं पाई जाती।

—नागर में भाषण (1 जून, 1916)

(लोकमान्य तिलक : हिज राइटिंग्स एंड स्पीचेज, पृ. 205)

* * *

शिक्षित वर्ग

इसमें संदेह नहीं कि शिक्षित वर्ग निर्धन है, परंतु वह एक क्षतिपूरक लाभ से युक्त है। उसके पास ज्ञान है और ज्ञान को हम निर्धनता की श्रेणी में नहीं ला सकते, क्योंकि इसमें प्रत्येक प्रकार के धन को प्राप्त करने की असीमित क्षमता होती है।

—शिवाजी अभिषेक दिवस पर भाषण (25 जून, 1907)

(लोकमान्य तिलक : हिज राइटिंग्स एंड स्पीचेज, पृ. 59)

* * *

शिक्षितों से

आप जनता के स्वाभाविक नेता हैं। आपको उनकी झोंपड़ियों तक जाना चाहिए, उन्हें समझाना चाहिए, उन्हें संगठित करना चाहिए और उनकी दशा में सुधार लाना चाहिए। स्वयं को जनता से इसलिए अलग समझना कि हमने कुछ पुस्तकें पढ़ ली हैं, मूर्खतापूर्ण है। हम उन्हीं में हैं और उन्हीं के बीच रहना चाहिए।

—बालगंगाधर तिलक, पृ. 289

* * *

शिवाजी

इस समय कोई भी व्यक्ति शिवाजी के जीवन की प्रत्येक घटना का अनुकरण करने का स्वप्न नहीं देखता; हमें तो इस भावना को भावी पीढ़ी के सम्मुख उचित आदर्श के रूप में रखना है, जिसे शिवाजी ने अपने कार्यों द्वारा वास्तविक रूप दिया था।

—मराठा (24 जून, 1906)

(लोकमान्य तिलक : हिज राइटिंग्स एंड स्पीचेज, पृ. 29)

* * *

नायक-भक्ति मानव-प्रकृति में दृढ़ता से आरोपित है और हमारी राजनीतिक आकांक्षाओं को उस सभी शक्ति की आवश्यकता है, जिसे कि एक स्वदेशी नायक की भक्ति हमारे हृदय में संभावित रूप से प्रेरित कर सकती है। इस उद्देश्य के लिए आधुनिक समय के भारतीय इतिहास में केवल शिवाजी ही ऐसे नायक हैं। वे ऐसे समय जन्मे थे, जबकि सारा राष्ट्र कुशासन से मुक्ति चाहता था। अपने आत्म-त्याग और साहस से उन्होंने विश्व को यह दिखा दिया कि भारत भाग्य तजित देश नहीं है। यह सच है कि मुसलमान और हिंदू तब विभाजित थे और शिवाजी को, जो कि मुसलमानों की धार्मिक भावनाओं का सम्मान करते थे, उस मुगलशासन के विरुद्ध संघर्ष करना पड़ा था, जो कि लोगों के लिए असह्य हो उठा था।

—'क्या शिवाजी राष्ट्रनायक नहीं हैं?' लेख से, मराठा (25 जून, 1906)

(लोकमान्य तिलक : हिज राइटिंग्स एंड स्पीचेज, पृ. 28)

* * *

वह राजर्षि थे और आपको उनके जीवन और चरित्र का अध्ययन आपसी आदान-प्रदान की भावना से करना चाहिए। मुझे विश्वास है कि अगर आप ऐसा करेंगे तो आप जीवन में ऐसी भावना से प्रेरित हो उठेंगे, जो आपके इन दिनों काम आएगी और जो ऐसी हैं कि आप किसी अन्य देश के इतिहास से प्राप्त नहीं कर सकते हैं।

—कलकत्ता में भाषण (5 जून, 1906)

* * *

शिवाजी का संबंध संभवत: 'ना विष्णु पृथ्वीपति' पुस्तक से नहीं था और निश्चित ही वह हाब्स या लॉक के राजनीतिक सरकार के सिद्धांतों से परिचित नहीं थे, रूसो या विश्वकोश निर्माताओं से भी परीचित नहीं थे, जो राज-सत्ता के पुराने धार्मिक सिद्धांतों को हटाकर धर्मनिरपेक्ष संविदा को लाना चाहते थे। वह अपने वेदांत को भली प्रकार जानते थे और यह भी जानते थे कि वेदांत को व्यावहारिक उपयोग में कैसे लाया जा सकता है।

—शिवाजी अभिषेक दिवस पर भाषण (25 जून, 1907)

(लोकमान्य तिलक : हिज राइटिंग्स एंड स्पीचेज, पृ. 63)

* * *

शिवाजी ने मुसलमानों के विरुद्ध इसलिए संग्राम नहीं किया था कि वे मुसलमान थे, बल्कि उन्होंने उस समय भारत में स्थित अत्याचारी शक्ति के विरुद्ध संघर्ष किया था।

—कलकत्ता में भाषण (5 जून, 1906)

* * *

शिवाजी-उत्सव

उनके (शिवाजी) जीवन से स्पष्ट हो जाता है कि भारत की जातियाँ उस जीवन-

शक्ति को शीघ्रता से खोनेवाली नहीं हैं, जो उन्हें संकट-काल में योग्य नेता प्रदान करती हैं। यही पाठ मुसलमानों और हिंदुओं को महान् मराठा अधिनायक शिवाजी के इतिहास से सीखना है; शिवाजी-उत्सव का उद्देश्य उसी 'पाठ' पर बल देना है। यह मान लेना मिथ्या धारणा है कि शिवाजी की पूजा में मुसलमानों या सरकार से लड़ने क़ी स्तुतियाँ भी सम्मिलित हैं। शिवाजी का महाराष्ट्र में जन्म लेना उस समय की राष्ट्रीय राजनीतिक परिस्थितियों के अनुकूल था और एक भावी नेता भारत में भी जन्म ले सकता है, क्या पता वह मुसलमान ही हो।

—मराठा (24 जून, 1906)

(लोकमान्य तिलक : हिज राइटिंग्स एंड स्पीचेज, पृ. 31-32)

* * *

यदि हम शिवाजी-उत्सव मनाते हैं तो इसलिए नहीं मनाते कि हम विद्रोह का स्तर ऊँचा उठाना चाहते हैं। ऐसा विचार तो मूर्खतापूर्ण और भद्दा होगा, क्योंकि हम जानते हैं कि हमारे पास कोई शस्त्र नहीं है, कोई युद्ध-सामग्री नहीं है।

—शिवाजी अभिषेक दिवस पर भाषण, पूना (25 जून, 1907)

(लोकमान्य तिलक : हिज राइटिंग्स एंड स्पीचेज, पृ. 54)

* * *

शिवाजी-उत्सव मुसलमानों का विरोध करने के लिए या उन्हें उत्तेजित करने के लिए नहीं मनाया जाता। अब परिस्थितियाँ बदल चुकी हैं और जैसा कि पहले कहा जा चुका है, कि जहाँ तक जन-सामान्य की राजनीतिक स्थिति का प्रश्न है हिंदू और मुसलमान दोनों एक ही नाव पर सवार हैं या यूँ कहिए कि एक ही मंच पर खड़े हैं। क्या हम दोनों, इन परिस्थितियों में शिवाजी के जीवन से कोई प्रेरणा नहीं ले सकते? यही आज का वास्तविक प्रश्न है; और यदि इस प्रश्न का उत्तर हाँ में मिल सकता है तो यह बात महत्त्व नहीं रखती कि शिवाजी ने महाराष्ट्र में जन्म लिया था। *—मराठा (24 जून, 1906)*

(लोकमान्य तिलक : हिज राइटिंग्स एंड स्पीचेज, पृ. 30)

* * *

हम अकबर या भारतीय इतिहास के किसी अन्य नायक के सम्मान में उत्सव प्रारंभ किए जाने के विरुद्ध नहीं हैं। ऐसे उत्सवों का अपना महत्त्व होगा। लेकिन शिवाजी-उत्सव का संपूर्ण देश के लिए अपना अलग ही महत्त्व है और यह देखना प्रत्येक का कर्तव्य है कि उत्सव की विशेषता की उपेक्षा न की जाए या उसे गलत रूप में प्रस्तुत न किया जाए।

—'क्या शिवाजी राष्ट्रनायक नहीं हैं?' लेख से, मराठा (24 जून, 1906)

(लोकमान्य तिलक : हिज राइटिंग्स एंड स्पीचेज, पृ. 30-31)

* * *

शिशिरकुमार घोष

उन्होंने वह काम किया, जो एक देवता ही कर सकता है। उन्होंने समझा कि मानव-सेवा ही ईश्वर की सेवा के लिए मील का पत्थर है।

—लोकमान्य तिलक : हिज राइटिंग्स एंड स्पीचेज, पृ. 327

❊ ❊ ❊

नौकरशाही अपने आलोचकों को सदैव से अपने व्यवहार को बदलकर नहीं वरन् उन्हें रिश्वत का लालच देकर दबाती रही है, शिशिरबाबू का साहस उनके लेखन की अपेक्षा उस संकटपूर्ण समय में अधिक महत्त्वपूर्ण था। वह ऐसे व्यक्ति थे जब उन्हें ऐसे लालच दिए गए, किंतु उन्होंने उन्हें उपेक्षा के साथ ठुकरा दिया।

—लोकमान्य तिलक : हिज राइटिंग्स एंड स्पीचेज, पृ. 329

❊ ❊ ❊

नौकरशाही पूर्ण सत्ता में थी। स्वतंत्रता-संग्राम समाप्त हुआ था और देश में ब्रिटिश शासन पूर्णतः स्थापित हो चुका था। इस समय ऐसे व्यक्ति की आवश्यकता थी, जो वैधानिक और संवैधानिक रूप से राष्ट्रीय-पोत को सुरक्षित बंदरगाह तक ले जाता—हमें उस समय साहसी, नौकरशाही के उन कार्यों को देखने की आवश्यकता थी, जो सुदूर भविष्य में निश्चित परिणाम देनेवाले थे।

—लोकमान्य तिलक : हिज राइटिंग्स एंड स्पीचेज, पृ. 324

❊ ❊ ❊

मुझे पता है कि लोग उनके व्यंग्यों, तीक्ष्ण में लिखे उनके संपादकीय लेखों और आलोचनात्मक टिप्पणियों को, जो सरल भाषा में परंतु अत्यधिक प्रभावशाली होते थे, पढ़ने पर कितने आनंदित होते थे। जिस दिन डाक से उनकी पत्रिका आनी होती थी, लोग बड़ी ही आतुरता से उसकी प्रतीक्षा करते थे, और उसका आनंद लेते थे। इसे मैं व्यक्तिगत रूप से जानता हूँ। *—लोकमान्य तिलक : हिज राइटिंग्स एंड स्पीचेज, पृ. 328*

❊ ❊ ❊

मैंने उनके चरणों में बैठकर बहुत कुछ सीखा है। मैं उन्हें अपने पिता-तुल्य मानता था और मैं यह कहने का साहस करता हूँ कि बदले में उन्होंने मुझे पुत्रवत् प्यार दिया।

—लोकमान्य तिलक : हिज राइटिंग्स एंड स्पीचेज, पृ. 323

❊ ❊ ❊

वह सच्चे अर्थों में वीर थे। उन्होंने अपनी आकांक्षाओं को पूरा होते नहीं देखा। वे तो एक या दो पीढ़ियों के बाद भी पूरी हो सकती थीं, परंतु हम यह नहीं भूल सकते कि वे संघर्ष की आधारशिला रखनेवाले थे।

—लोकमान्य तिलक : हिज राइटिंग्स एंड स्पीचेज, पृ. 329

❊ ❊ ❊

वह सरकार के सामने अकेले खड़े रहे। उनकी अंतरात्मा ही उनका संबल थी। वह सोचा करते थे कि उन्हें विश्व को एक संदेश देना है, उन्हें कोई कर्तव्य निभाना है और जिसे उन्होंने निर्भीकता और साहस के साथ निभाया।

—लोकमान्य तिलक : हिज राइटिंग्स एंड स्पीचेज, पृ. 326

* * *

शिशिरकुमार ऐसे महान् व्यक्ति थे, जो किसी आदर और पक्षपात की चिंता नहीं करते थे, बस वह बंदूकों के सामने भी तब तक सीना ताने खड़े रहते थे, जब तक उन्हें सफलता नहीं मिल जाती थी।

—लोकमान्य तिलक : हिज राइटिंग्स एंड स्पीचेज, पृ. 326

* * *

शिष्टाचार

विचार करने पर नीति के उन नियमों अथवा 'शिष्टाचार' को धर्म की बुनियाद कह सकते हैं, जो समाज-धारणा के लिए शिष्टजनों के द्वारा प्रचलित किए गए हों; और जो सर्वमान्य हो चुके हों। *—श्रीमद्‌भगवद्‌गीता रहस्य अथवा कर्मयोग्यशास्त्र, पृ. 68*

* * *

श्रद्धा

जैसे बिना बारूद के केवल गोली से बंदूक नहीं चलती, वैसे ही प्रेम, श्रद्धा आदि मनोवृत्तियों की सहायता के बिना केवल बुद्धिगम्य ज्ञान किसी को तार नहीं सकता।

—श्रीमद्‌भगवद्‌गीता रहस्य अथवा कर्मयोग्यशास्त्र, पृ. 407

* * *

ज्ञान की पूर्ति अथवा फलद्रुपता श्रद्धा के बिना नहीं होती। यह कहना—कि सब ज्ञान केवल बुद्धि ही से प्राप्त होता है, उसके लिए किसी अन्य मनोवृत्ति की सहायता आवश्यक नहीं—उन पंडितों का वृथाभिमान है, जिनकी बुद्धि केवल तर्कप्रधान शास्त्रों का जन्म भर अध्ययन करने से कर्कश हो गई है।

—श्रीमद्‌भगवद्‌गीता रहस्य अथवा कर्मयोग्यशास्त्र, पृ. 406

* * *

श्रद्धा या विश्वास कुछ ऐसा मनोधर्म नहीं है, जो महाबुद्धिमान पुरुषों में ही पाया जाए। अज्ञजनों में भी श्रद्धा की कुछ न्यूनता नहीं होती।

—श्रीमद्‌भगवद्‌गीता रहस्य अथवा कर्मयोग्यशास्त्र, पृ. 409

* * *

श्रद्धा से प्राप्त हुए ज्ञान की जाँच करना और उसकी उपपत्ति की खोज करना बुद्धि

का काम है सही; परंतु सब प्रकार योग्य उपपत्ति के न मिलने से ही यह नहीं कहा जा सकता कि श्रद्धा से प्राप्त होनेवाला ज्ञान केवल भ्रम है।

—श्रीमद्‌भगवद्‌गीता रहस्य अथवा कर्मयोग्यशास्त्र, पृ. 409

* * *

संसार के सब व्यवहार श्रद्धा, प्रेम आदि नैसर्गिक मनोवृत्तियों से ही चलते हैं। इन वृत्तियों को रोकने के सिवा बुद्धि दूसरा कोई कार्य नहीं करती। और जब बुद्धि किसी बात की भलाई या बुराई का निश्चय कर लेती है, तब आगे उस निश्चय को अमल में लाने का काम मन के द्वारा अर्थात् मनोवृत्ति के द्वारा ही हुआ करता है।

—श्रीमद्‌भगवद्‌गीता रहस्य अथवा कर्मयोग्यशास्त्र, पृ. 407

* * *

श्रद्धा-भक्ति

बिना भक्ति के कोई फल नहीं मिलता है, न तो भगवान् से और न राजा से, न इस लोक में न परलोक में। यदि आपमें ऐसी भक्ति नहीं है तो चाहे आप इस दिशा में कितना ही कठोर श्रम कर लें, कोई लाभ होनेवाला नहीं है।

—अहमदनगर में भाषण (31 मई, 1916)

(लोकमान्य तिलक : हिज राइटिंग्स एंड स्पीचेज, पृ. 167)

* * *

संकल्प

मनुष्य ईश्वर में एकाकार होने का प्रयास करता है। जब यह मिलाप हो जाता है तो जीव का संकल्प सर्वशक्तिमान और सर्वव्यापक संकल्प के साथ एकाकार हो जाता है। इस मिलन के पश्चात् क्या जीव कहेगा मैं अब कर्म नहीं करूँगा? यह विश्व उसी सर्वशक्तिमान 'संकल्प' का ही तो परिणाम है, जिसके साथ जीव का संकल्प एकीभूत हुआ था।

—गीता-रहस्य में वार्ता (अमरावती, 1917)

(लोकमान्य तिलक : हिज राइटिंग्स एंड स्पीचेज, पृ. 262)

* * *

संकल्प-शक्ति

आपका दोष क्षमता की कमी या साधनों की कमी की दृष्टि से नहीं है, वरन् दोष इस बात में है कि आपमें संकल्प का अभाव है। आपने उस संकल्प को अपने में उत्पन्न नहीं किया है जो आपको पहले ही उत्पन्न कर लेना था। संकल्प ही सब कुछ है। आपको संकल्प-शक्ति इतना साहस दे सकती है कि आपको लक्ष्य पाने से कोई नहीं रोक सकता।

—कानपुर में जनसभा (1 जनवरी, 1917)

(लोकमान्य तिलक : हिज राइटिंग्स एंड स्पीचेज, पृ. 247)

* * *

संगठन

मैं आपसे कह सकता हूँ कि आप सभी जातियों और धर्मों के लोग संगठित हो जाएँ और सरकार से दृढ़तापूर्वक माँग करें, मिलकर ईमानदारी के साथ सरकार पर दबाव डालें, इसके लिए जो भी सहन करने के लिए तत्पर हों और आप केवल सरकार से ही न कहें, पूरे विश्व में घोषणा कर दें कि जब तक हमारी माँग नहीं मान ली जातीं, हम संतुष्ट नहीं होंगे और चुप नहीं बैठेंगे।

—अहमदनगर में भाषण (3 मई, 1916)

(लोकमान्य तिलक : हिज राइटिंग्स एंड स्पीचेज, पृ.166-167)

❊ ❊ ❊

संन्यास-मार्ग

संन्यास-मार्गवाले इस तृष्णारूपी संसार के सब व्यवहारों को निःसार समझते हैं, इसलिए उनके ग्रंथों में कर्मयोग की ठीक-ठीक उपपत्ति सचमुच नहीं मिलती। अधिक क्या कहें, इन पर संप्रदाय-असहिष्णु ग्रंथकारों ने संन्यासमार्गीय कोटिक्रम या युक्तिवाद को कर्मयोग में सम्मिलित करके ऐसा भी प्रयत्न किया है, कि जिससे लोग समझने लगे हैं, कि कर्मयोग और संन्यास दो स्वतंत्र मार्ग नहीं हैं, किंतु संन्यास ही अकेला शास्त्रोक्त मोक्ष मार्ग है।

—श्रीमद्भगवद्गीता रहस्य अथवा कर्मयोगशास्त्र, पृ. 121

❊ ❊ ❊

संस्था

मेरी हमेशा यह मान्यता रही है कि हमारी संस्था जैसी संस्था के लिए स्वार्थत्याग और स्वार्थ-संन्यास की बड़ी आवश्यकता है। इसी कसौटी पर हमारी परीक्षा होगी और इसी के बल पर हम जीएँगे या मरेंगे। इसलिए जो बात इस नियम से भिन्न लगती है, वह मुझसे बरदाश्त नहीं की जाती।

— सर्वेंट्स ऑफ इंडिया सोसाइटी से त्यागपत्र (15 दिसंबर, 1890)

❊ ❊ ❊

मैं नहीं जानता कि किसी संस्था के हेतु और उद्देश्य एक बार निश्चित हो जाने के बाद बहुमत के बल पर उन्हें बदलकर अल्पमत के सिर थोपने का बहुमत को अधिकार है। हाँ, उनमें परिवर्तन हो सकता है। और जो इस परिवर्तन से सहमत न हों, उन्हें इसका विचार करने का मौका देना चाहिए कि वे संस्था में रहें या नहीं।

— सर्वेंट्स ऑफ इंडिया सोसाइटी से त्यागपत्र
(15 दिसंबर, 1890)

❊ ❊ ❊

सज्जन

साधु पुरुष स्वार्थपरायण लोगों पर नाराज नहीं होते, अथवा उनकी लोभबुद्धि देख करके वे अपने मन की समता को डिगने नहीं देते।

—श्रीमद्भगवद्गीता रहस्य अथवा कर्मयोगशास्त्र, पृ. 375

* * *

सज्जनता

दुष्ट पुरुष का प्रतिकार यदि साधुता से हो सकता हो, तो पहले साधुता से ही करें। क्योंकि दूसरा यदि दुष्ट हो, तो उसी के साथ हमें भी दुष्ट न हो जाना चाहिए। यदि कोई एक नकटा हो जाए, तो सारा गाँव-का-गाँव अपनी नाक नहीं कटा लेता।

—श्रीमद्भगवद्गीता रहस्य अथवा कर्मयोगशास्त्र, पृ. 395-396

* * *

सत्य

अपनी प्रतिज्ञा या वचन को पूरा करना सत्य ही में शामिल है।

—श्रीमद्भगवद्गीता रहस्य अथवा कर्मयोगशास्त्र, पृ. 37

* * *

इस संसार में एकमात्र तर्क और सत्य तब तक सफल नहीं होते, जब तक सत्य की उपलब्धि के लिए निर्बाध गति से संघर्ष न चलाया जाए और दृढ़ निश्चय न किया जाए।

—नासिक सम्मेलन में होमरूल प्रस्ताव पर भाषण (1917)
(लोकमान्य तिलक : हिज राइटिंग्स एंड स्पीचेज, पृ. 192)

* * *

मेरी धारणा है कि सत्य किसी एक व्यक्ति की बपौती नहीं है, यह सार्वभौमिक और सर्वव्यापी है।

—धर्म के संबंध में व्याख्यान, बनारस (3 जनवरी, 1906)
(लोकमान्य तिलक : हिज राइटिंग्स एंड स्पीचेज, पृ. 16)

* * *

सत्य धर्म केवल शब्दोच्चार ही के लिए नहीं है। अतएव जिस आचरण से सब लोगों का कल्याण हो, वह आचरण सिर्फ इसी कारण से निंद्य नहीं माना जा सकता कि शब्दोच्चार अयथार्थ है। जिससे सभी को हानि हो, वह न तो सत्य ही है, और न अहिंसा ही।

—श्रीमद्भगवद्गीता रहस्य अथवा कर्मयोगशास्त्र, पृ. 34

* * *

सत्याग्रही

सत्य और न्याय के प्रति सत्याग्रही की निष्ठा ऐसी उच्च श्रेणी की होनी चाहिए कि उसके मन में सिवा कर्तव्य-पालन के और कोई भावना ही न उठे। सभी बातों से परे उसे केवल कर्तव्य-पालन की ही भावना से ओत-प्रोत होना चाहिए। इसी को नैतिक साहस, सत्यप्रियता और चारित्र्य कहते हैं। इसे प्राप्त करने के लिए उच्चवंश में जन्म लेना या उच्च सामाजिक स्थिति कोई आवश्यक नहीं है, न श्रेष्ठ बौद्धिक प्रतिभा से ही यह प्राप्त किया जा सकता है। यह आध्यात्मिक शक्ति है। यही उपनिषद् कहते हैं।

—श्रीमती अवंतिका गोखले कृत 'गांधीजी की जीवनी' की भूमिका से (16 मार्च, 1918)

* * *

सदसद्विवेचन

जब हम यह सुनते हैं कि किसी एक आदमी ने किसी दूसरे को जान से मार डाला, तब हमारे मुँह से एकाएक यह उद्‍गार निकल पड़ते हैं, ' राम-राम! उसने बुरा काम किया।' और इस विषय में हमें कुछ भी विचार नहीं करना पड़ता। अतएव, यह नहीं कहा जा सकता कि कुछ भी विचार न करके आप-ही-आप जो निर्णय हो जाता है, और जो निर्णय विचारपूर्वक किया जाता है, वे दोनों की एक ही मनोवृत्ति के व्यापार हैं। इसीलिए यह मानना चाहिए कि सदसद्विवेचन शक्ति भी एक स्वतंत्र मानसिक देवता है। सब मनुष्यों के अंत:करण में यह देवता या शक्ति एक ही-सी जाग्रत् रहती है। इसलिए हत्या करना सभी लोगों को दोष प्रतीत होता है; और उसके विषय में किसी को कुछ सिखलाना नहीं पड़ता।

—श्रीमद्‍भगवद्‍गीता रहस्य अथवा कर्मयोगशास्त्र, पृ. 128

* * *

समबुद्धि

कर्मयोगी स्थितप्रज्ञ की अथवा जीवनमुक्त की बुद्धि के अनुसार सब प्राणियों में जिसकी साम्यबुद्धि हो गई; और परार्थ में जिसके स्वार्थ का सर्वथा लय हो गया, उसको विस्तृत नीतिशास्त्र सुनाने की कोई जरूरत नहीं।

—श्रीमद्‍भगवद्‍गीता रहस्य अथवा कर्मयोगशास्त्र, पृ. 374

* * *

मंजिल-दर-मंजिल तैयारी करके इमारत बन जाने पर जिस प्रकार नीचे के हिस्से निकाल डाले नहीं जा सकते अथवा जिस प्रकार तलवार हाथ में आ जाने से कुदाली की या सूर्य होने से अग्नि की आवश्यकता बनी ही रहती है, उसी प्रकार सर्वभूतहित की अंतिम सीमा पर पहुँच जाने पर भी ने केवल देशाभिमान की, वरन् कुलाभिमान की भी

आवश्यकता बनी ही रहती है। क्योंकि समाज-सुधार की दृष्टि से देखें, तो कुलाभिमान जो विशेष काम करता है, वह निरे देशाभिमान से नहीं होता, और देशाभिमान का कार्य निरी सर्वभूतात्मैक्य दृष्टि से सिद्ध नहीं होता। अर्थात् समाज की पूर्ण अवस्था में भी साम्यबुद्धि के ही समान देशाभिमान और कुलाभिमान आदि धर्मों की भी सदैव जरूरत रहती है। किंतु केवल अपने ही देश के अभिमान को परम साध्य मान लेने से जैसे एक राष्ट्र अपने लाभ के लिए दूसरे राष्ट्र का मनमाना नुकसान करने के लिए तैयार रहता है, वैसी बात सर्वभूतहित को परमसाध्य मानने से नहीं होती। कुलाभिमान, देशाभिमान और अंत में पूरी मनुष्य जाति के हित में यदि विरोध आने लगे, तो साम्यबुद्धि से परिपूर्ण नीतिधर्म का यह महत्त्वपूर्ण और विशेष कथन है, कि उच्च श्रेणी के धर्मों की सिद्धि के लिए निम्न श्रेणी के धर्मों को छोड़ दे।

—श्रीमद्भगवद्गीता रहस्य अथवा कर्मयोगशास्त्र, पृ. 398-399

* * *

मनुष्य कितना ही बड़ा ज्ञानी, धर्मवेत्ता और सयाना क्यों न हो, किंतु यदि उसकी बुद्धि प्राणिमात्र में सम न हो, तो यह नहीं कह सकते, कि उसका कर्म सदैव शुद्ध अथवा नीति की दृष्टि से निर्दोष ही रहेगा। अतएव हमारे शास्त्रकारों ने निश्चित कर दिया है कि नीति का विचार करने में कर्म के बाह्य फल की अपेक्षा कर्ता की बुद्धि का ही प्रधानता से विचार करना चाहिए। साम्यबुद्धि ही अच्छे बर्ताव का चोखा बीज है।

—श्रीमद्भगवद्गीता रहस्य अथवा कर्मयोगशास्त्र, पृ. 380

* * *

समाज में मनुष्यों के पारस्परिक व्यवहार के विषय में 'आत्मोपम्य' बुद्धि का नियम इतना सुलभ, व्यापक, सुबोध और विश्वतोन्मुख है कि जब एक बार यह बतला दिया कि प्राणिमात्र में रहनेवाले आत्मा को एकता की पहचान कर 'आत्मवत् समबुद्धि से दूसरों के साथ बर्तते जाओ,' तब फिर ऐसे पृथक्-पृथक् उपदेश करने की जरूरत ही नहीं रह जाती कि लोगों पर दया करो; उनकी यथाशक्ति मदद करो; उनका कल्याण करो; उन्हें अभ्युदय के मार्ग में लगाओ; उन पर प्रीति रखो; उनसे ममता न छोड़ो; उनके साथ न्याय और समानता का बर्ताव करो; किसी को धोखा मत दो; किसी का द्रव्य हरण अथवा हिंसा न करो; किसी से झूठ न बोलो; अधिकांश लोगों के अधिक कल्याण करने की बुद्धि मन में रखो; अथवा यह समझकर भाईचारे से बर्ताव करो, कि हम सब एक ही पिता की संतान हैं। प्रत्येक मनुष्य को स्वभाव से यह सहज ही मालूम रहता है कि मेरा सुख-दुःख और कल्याण किसमें है।

—श्रीमद्भगवद्गीता रहस्य अथवा कर्मयोगशास्त्र, पृ. 389

* * *

समय

जब लोहा गरम हो, तभी उस पर चोट कीजिए और आपको निश्चय ही सफलता का यश प्राप्त होगा।

—अकोला में भाषण (जनवरी, 1916)
(लोकमान्य तिलक : हिज राइटिंग्स एंड स्पीचेज, पृ. 238)

❋ ❋ ❋

समर्थन

नायकों के कार्यों का समर्थन केवल नीतिशास्त्र के आधार पर करना चाहिए।

—श्रीमद्‍भगवद्‍गीता रहस्य अथवा कर्मयोगशास्त्र, पृ. 556

❋ ❋ ❋

सरकार

दृश्य और अदृश्य सरकारों में अंतर होता है। यदि आप पूछना चाहते हैं कैसे ? तो मेरा कहना है जैसे ब्रह्म और माया में अंतर होता है। मैंने दृश्य और अदृश्य शब्दों को वेदांत से लिया है। ब्रह्म महान् है, निराकार है और अदृश्य है, माया दृश्य है। जब ब्रह्म माया के रूप में अभिव्यक्त होता है तो वह दृश्य हो जाता है। इस प्रकार 'माया' जो काम करती है वह परिवर्तनशील होता है। माया का स्वभाव क्या है ? यह प्रतिक्षण परिवर्तनशील है। इसी प्रकार अदृश्य सरकार स्थायी होती और दृश्य सरकार बदलती रहती है।

—हिस्टारिकल रिसर्च सोसाइटी में भाषण (1 मई, 1916)
(लोकमान्य तिलक : हिज राइटिंग्स एंड स्पीचेज, पृ. 103-104)

❋ ❋ ❋

यदि सरकार नहीं देखती कि गरीब जनता सुखी है अथवा नहीं तो हम चाहते हैं कि सरकार यह जानने के लिए विवश हो। इसलिए हम अपने व्यक्तियों को सत्ता में रखना चाहते हैं। सभी लोग सरकार में जाकर अधिकारी नहीं बन सकते, इसलिए सरकार चलाने के लिए हम लोगों में से ही व्यक्ति चुने जाने चाहिए।

—लोकमान्य तिलक : हिज राइटिंग्स एंड स्पीचेज, पृ. 265

❋ ❋ ❋

सरकार का आशय है कि पहली अवस्था नगरपालिका और स्थानीय स्वशासन की होगी, दूसरी अवस्था प्रदेश-स्तर के शासन की होगी और अंतिम अवस्था केंद्रीय शासन स्थापित करने की होगी, परंतु मैं ऐसी योजना से सहमत नही हूँ।

—नासिक सम्मेलन में होमरूल प्रस्ताव पर भाषण (1917)
(लोकमान्य तिलक : हिज राइटिंग्स एंड स्पीचेज, पृ 310)

❋ ❋ ❋

सरकार को (युद्ध के लिए) धन दीजिए परंतु सरकार पर यह उत्तरदायित्व डालिए कि वह हमारी दुःखभरी शिकायतों को सुने।

—लोकमान्य तिलक : हिज राइटिंग्स एंड स्पीचेज, पृ.266

* * *

सरकार धन माँगती है, हमारी सहायता चाहती है, परंतु हमें कोई अधिकार नहीं देना चाहती, यह कैसी विडंबना है।

—लोकमान्य तिलक : हिज राइटिंग्स एंड स्पीचेज, पृ. 266

* * *

हम सरकार को कर इसलिए देते हैं कि वह हमारी भलाई के लिए काम कर सके। परंतु सरकार हमें पंगु बनाए रखना चाहती है।

—राष्ट्रीय शिक्षा पर भाषण (1908)

(लोकमान्य तिलक : हिज राइटिंग्स एंड स्पीचेज, पृ. 72)

* * *

सरकार की आलोचना

सरकार की उचित और सही आलोचना भी न की जाए, इसके लिए कौंसिल की सदस्यता लालच नहीं हो सकती। लेकिन अगर सरकार की यही अपेक्षा हो कि चुने जाने के बाद सदस्य उसकी आलोचना न करें, तो उचित यही है कि हम ऐसी सदस्यता ही छोड़ दें।

—लोकमान्य तिलक : एक जीवनी, पृ. 82

* * *

सरकारी कार्य-प्रणाली

हमारी शिकायत सरकार की कार्य-प्रणाली के संबंध में है। वह कार्य-प्रणाली हमारे नियंत्रण में नहीं है। जिसे प्रशासन चलाता है, उसे सभी विभाग अपने नियंत्रण में रखने चाहिए।

—नागर में भाषण (1 जून, 1916)

(लोकमान्य तिलक : हिज राइटिंग्स एंड स्पीचेज, पृ. 193)

* * *

सांप्रदायिकता

मुसलमानों के उन्मत्त होने का मुख्य कारण यह है कि सरकार उन्हें सहारा देकर उनके प्रति पक्षपात करती है। अंग्रेज हिंदुओं से कहते हैं कि आपकी मुसलमानों से रक्षा हमारे यहाँ रहने के कारण ही हो रही है।...मुसलमानों को इसी से प्रोत्साहन मिलता है। इस सांप्रदायिक दंगे में हिंदुओं तथा मुसलमानों के अलावा सरकार का भी एक पक्ष है,

और इस तरह यह दंगा एक सांप्रदायिक त्रिकोण-सा बन जाता है। वास्तव में अपने-अपने त्योहार, उत्सव आदि परंपरानुसार मनाने में सरकार को दोनों जातियों की निष्पक्षता से मदद करनी चाहिए। अगर हिंदू मुसलमानों के मुहल्ले में जाकर कसाई के घर से गाय को छुड़ाने की कोशिश करे, तो उसके धार्मिक अति उत्साह के लिए उसे सजा दी जानी चाहिए। इसी तरह हिंदुओं के धार्मिक उत्सवों के अवसर पर बजनेवाले बाजों से चिढ़नेवाले और उनको रोकने की कोशिश करनेवाले मुसलमानों को भी रोकना चाहिए।

—सांप्रदायिक दंगों पर प्रतिक्रिया (फरवरी, 1894)

❋ ❋ ❋

साहस

आपको ऐसे साहस की आवश्यकता है कि आप घोषणा कर सकें कि संवैधानिक अधिकारों के लिए आंदोलन चलाना राजद्रोह नहीं है और आप उनकी माँग करते रहेंगे भले ही आपको यह धमकी दी जाए कि ऐसी माँगें राजद्रोह का प्रतीक होंगी। आपको जनसमूह के लिए तथा वर्गों के लिए रोटी माँगनी है और सम्मानसूचक अधिकार माँगने हैं। यह राजद्रोही बनना नहीं है और मैं उस व्यक्ति की चिंता नहीं करता, जो जानबूझकर इसे राजद्रोह मानता है। *—शिवाजी अभिषेक दिवस पर भाषण (25 जून, 1907)*

(लोकमान्य तिलक : हिज राइटिंग्स एंड स्पीचेज, पृ. 67)

❋ ❋ ❋

सुख

आत्मप्रसादरूपी आत्यंतिक सुख तथा उसी के साथ रहनेवाली कर्ता की शुद्ध-बुद्धि को ही आध्यात्मिक कसौटी जानकर उसी से कर्म-अकर्म की परीक्षा करनी चाहिए। उन लोगों की बात छोड़ दो, जिन्होंने यह कसम खा ली हो, कि हम दृश्य सृष्टि के परे तत्त्वज्ञान में प्रवेश ही न करेंगे। जिन लोगों ने ऐसी कसम खाई नहीं है, उन्हें युक्ति से यह मालूम हो जाएगा कि मन और बुद्धि के भी परे जाकर नित्य आत्मा के नित्य कल्याण को ही कर्मयोगशास्त्र में प्रधान मानना चाहिए।

—श्रीमद्भगवद्गीता रहस्य अथवा कर्मयोगशास्त्र, पृ. 121

❋ ❋ ❋

कोई मनुष्य कितना ही सुखोपभोग करे, उसकी सुखेच्छा दिनोंदिन बढ़ती ही जाती है; जिससे यह आशा करना व्यर्थ है, कि मनुष्य पूर्ण सुखी हो सकता है।

—श्रीमद्भगवद्गीता रहस्य अथवा कर्मयोगशास्त्र, पृ. 106

❋ ❋ ❋

चाहे स्वयं अपने लिए हो या परोपकार के लिए हो, कुछ भी हो; परंतु जो मनुष्य

ऐहिक विषयसुख पाने की लालसा से संसार के कर्मों में प्रवृत्त होता है, उसकी साम्यबुद्धिरूप सात्त्विक वृत्ति में कुछ-न-कुछ बट्टा अवश्य लग जाता है।

—श्रीमद्भगवद्गीता रहस्य अथवा कर्मयोगशास्त्र, पृ. 494

* * *

संसार के सामान्य व्यवहारों की ओर देखने से प्रतीत होता है कि बहुतेरे मनुष्य स्वर्गादि भिन्न-भिन्न काम्यसुखों की प्राप्ति के लिए ही यज्ञयागादिक वैदिक काम्यकर्मों की झंझट में पड़े रहते हैं। इससे उनकी बुद्धि कभी एक फल की प्राप्ति में, कभी दूसरे ही फल की प्राप्ति में, अर्थात् स्वार्थ ही में, निमग्न रहती है, और सदा बदलनेवाली यानी चंचल हो जाती है। ऐसे मनुष्यों को स्वर्गसुखादिक अनित्य फल की अपेक्षा अधिक महत्त्व का अर्थात् मोक्षरूपी नित्य सुख कभी प्राप्त नहीं हो सकता।

— श्रीमद्भगवद्गीता रहस्य अथवा कर्मयोगशास्त्र, पृ. 447

* * *

सब लोगों के सुख के लिए प्रयत्न करते हुए उसी सुख में स्वयं मग्न हो जाना ही प्रत्येक मनुष्य का कर्तव्य है।

— श्रीमद्भगवद्गीता रहस्य अथवा कर्मयोगशास्त्र, पृ. 494

* * *

सुख-दुःख

सुख और दुःख दो भिन्न तथा स्वतंत्र वेदनाएँ हैं। सुखेच्छा केवल सुखोपभोग से ही तृप्त नहीं हो सकती। इसलिए संसार में बहुधा दुःख का ही अधिक अनुभव होता है। परंतु इस दुःख को टालने के लिए तृष्णा या असंतोष और सब कर्मों का भी समूल नाश करना उचित नहीं। उचित यही है, कि फलाशा छोड़कर सब कर्मों को करते रहना चाहिए।

— श्रीमद्भगवद्गीता रहस्य अथवा कर्मयोगशास्त्र, पृ. 120

* * *

सुनागरिक

एक देश धनी, या निर्धन, स्वतंत्र या परतंत्र हो सकता है, लेकिन इसकी अधिकांश आबादी उनकी होती है, जो अपने शारीरिक श्रम पर जीवन-निर्वाह करते हैं और जब तक यह सुखी और संतुष्ट नहीं होते, तब तक उनके देश को संपन्न और उन्नतिशील देश नहीं माना जा सकता।

— बालगंगाधर तिलक, पृ. 288

* * *

सेवा

माता, पिता, गुरु आदि वंदनीय और पूजनीय पुरुषों की पूजा तथा शुश्रूषा करना भी सर्वमान्य धर्मों में से एक प्रधान धर्म समझा जाता है। यदि ऐसा न हो तो कुटुंब, गुरुकुल और सारे समाज की व्यवस्था ठीक-ठीक कभी रह न सकेगी। यही कारण है कि सिर्फ स्मृति-ग्रंथों ही में नहीं, बल्कि उपनिषदों में भी, 'सत्यं वद, धर्मं चर' कहा गया है; और जब शिष्य का अध्ययन पूरा हो जाता, और वह अपने घर जाने लगता, तब प्रत्येक गुरु का यही उपदेश होता था कि 'मातृदेवो भव। पितृदेवो भव। आचार्यदेवो भव।'

—श्रीमद्‌भगवद्‌गीता रहस्य अथवा कर्मयोगशास्त्र, पृ. 41-42

* * *

स्थितप्रज्ञ

किसी सर्राफ के पास सोने का जेवर जँचवाने के लिए जाने पर अपनी दुकान में रखे हुए 100 टंच के सोने के टुकड़े से उसको परखकर जिस प्रकार उसका खराखोटापन बतलाता है, उसी प्रकार कार्य-अकार्य—धर्म-अधर्म का निर्णय करने के लिए स्थितप्रज्ञ—का बर्ताव ही कसौटी है। *—श्रीमद्‌भगवद्‌गीता रहस्य अथवा कर्मयोगशास्त्र, पृ. 373*

* * *

लक्षाधीश की बुद्धि एक बार भले ही डिग जाए; परंतु यह जानी-बूझी बात है कि स्थितप्रज्ञ की बुद्धि को ये विकार कभी स्पर्श तक नहीं कर सकते। सृष्टिकर्ता परमेश्वर सब कर्म करने पर भी जिस प्रकार पाप-पुण्य से अलिप्त रहता है, उसी प्रकार इन ब्रह्मभूत साधु पुरुषों की स्थिति सदैव पवित्र और निष्पाप रहती है। और तो क्या, समय-समय पर ऐसे मनुष्य स्वेच्छा अर्थात् अपनी मरजी से जो व्यवहार करते हैं, उन्हीं से आगे चलकर विधिनियमों के निर्बंध बन जाते हैं। और इसी से कहते हैं कि ये सत्पुरुष इन विधिनियमों के जनक (उपजानेवाले) हैं—वे इनके गुलाम कभी नहीं हो सकते।

—श्रीमद्‌भगवद्‌गीता रहस्य अथवा कर्मयोगशास्त्र, पृ. 372

* * *

स्मारक

जिस प्रकार अंग्रेजों ने कॉमवेल का स्मारक बनाया है और फ्रांसीसियों ने नेपोलियन बोनापार्ट का, उसी तरह से हम भी अपने स्वराज्य-संस्थापक शिवाजी महाराज का स्मारक बनाना चाहते हैं। यह एक महान् व्यक्ति को श्रद्धांजलि अर्पित करने की बात है, जिसमें अराजनिष्ठा का कोई सवाल नहीं उठना चाहिए।

—शिवाजी उत्सव पर भाषण (अप्रैल, 1876)

* * *

स्वतंत्रता

यह बात निर्विवाद सिद्ध है कि न्यायपूर्वक प्राप्त हुई किसी की संपत्ति को चुरा ले जाने या लूट लेने की स्वतंत्रता दूसरों को मिल जाए, तो द्रव्य का संचय करना बंद हो जाएगा, समाज की रचना बिगड़ जाएगी, चारों तरफ अनवस्था हो जाएगी और सभी की हानि होगी।

—श्रीमद्‌भगवद्‌गीता रहस्य अथवा कर्मयोगशास्त्र, पृ. 38

* * *

राष्ट्र के नैतिक, भौतिक अथवा बौद्धिक क्षेत्र में होनेवाली प्रगति उसी स्वतंत्रता पर निर्भर है, जिससे हमें वंचित रखा गया है।

—कानपुर में जनसभा (1 जनवरी, 1917)

* * *

व्यक्ति की जीवन-आत्मा उसकी स्वतंत्रता है, जो वेदांत के अनुसार ईश्वर से पृथक् नहीं हो सकती वरन् उसके साथ तादात्म्य स्थापित करती है।

—लोकमान्य तिलक : हिज राइटिंग्स एंड स्पीचेज, पृ. 354

* * *

हम एक राष्ट्र हैं। इस संसार में हमें एक ही उत्तरदायित्व निभाना है। हमें वे अधिकार मिलने चाहिए, जो मनुष्य को प्रकृति से प्राप्त होते हैं। हमें स्वतंत्रता चाहिए। हम अपने मामलों को स्वयं निपटा सकें यह अधिकार हमारे हाथ में आना चाहिए।

—नागर में भाषण (1 जून, 1916)

(लोकमान्य तिलक : हिज राइटिंग्स एंड स्पीचेज, पृ. 175)

* * *

स्वतंत्रता की इच्छा

यदि आप चाहते हैं कि आप स्वतंत्र हों तो आप स्वतंत्र हो सकते हैं। यदि आप ऐसा नहीं चाहते तो आप गिर जाएँगे और आप सदैव के लिए पतित हो जाएँगे। आपमें से बहुत से लोग शस्त्रों को प्रयोग में लाना पसंद नहीं करेंगे, परंतु यदि आपके पास क्रियाशील प्रतिरोध-शक्ति नहीं है, आत्मबल और आत्म-नियंत्रण नहीं तो क्या आप विदेशी सरकार को अपने ऊपर शासन करने में सहायता नहीं देंगे?

—कलकत्ता में भाषण (2 जनवरी, 1907)

(लोकमान्य तिलक : हिज राइटिंग्स एंड स्पीचेज, पृ. 50)

* * *

स्वदेशी

हमारा नारा सदैव यही होगा—'स्वदेशी बनना और स्वदेशी रहना।' शासकों की

अनिच्छा के होते हुए भी हम स्वदेशी द्वारा विकास करेंगे और आगे बढ़ेंगे। स्वदेशी और राष्ट्रीय शिक्षा हमारी प्रगति की दो पद्धतियाँ हैं।

—कलकत्ता में भाषण (7 जून, 1906)

(लोकमान्य तिलक : हिज राइटिंग्स एंड स्पीचेज, पृ. 27)

❋ ❋ ❋

स्वदेशी-आंदोलन

यह कहा गया था कि स्वदेशी आंदोलन तो एक औद्योगिक आंदोलन है, इसका राजनीति से कोई संबंध नहीं है। हम सभी जानते हैं कि अब ब्रिटिश सरकार किसी व्यापार में नहीं लगी है। इसने प्रारंभ तो व्यापार से ही किया था, परंतु अब व्यापाररत नहीं है। क्या इस सरकार ने ब्रिटिश–व्यापार को सुरक्षित नहीं रखा है और उसे प्रोत्साहित करने के हथकंडे नहीं अपनाए? यदि भारत सरकार ब्रिटिश–राज्य की व्यापारिक आकांक्षाओं से संबंध तोड़ ले तो स्वदेशी कार्यकर्ता भी अपने आंदोलन को राजनीति से पृथक् रखने की बात पर विचार कर सकते हैं।

—कलकत्ता में भाषण (23 दिसंबर, 1906)

(लोकमान्य तिलक : हिज राइटिंग्स एंड स्पीचेज, पृ. 35)

❋ ❋ ❋

स्वदेशीवाद

स्वदेशीवाद एक व्यापक शब्द है, जिसमें राजनीति भी निहित है, और एक सच्चा स्वदेशी बनने के लिए व्यक्ति को सभी दिशाओं में देखना होगा; जो दिशा हमारी जनता को सभ्य राष्ट्र का दरजा दिलाने की स्थिति में हो, उस पर ध्यान देना होगा।

—कलकत्ता में भाषण (23 दिसंबर, 1906)

(लोकमान्य तिलक : हिज राइटिंग्स एंड स्पीचेज, पृ. 36)

❋ ❋ ❋

स्वदेशी शासक

एक स्वदेशी शासक का होना ही काफी नहीं है। ये अभी भी हमारी देशी रियासतों में हैं। सर्वाधिक महत्त्वपूर्ण प्रश्न यह है कि स्वराज में जनता की कितनी शक्ति है, यह नहीं कि शासन देशीय है अथवा विदेशी। जब हम अपने देशवासियों से स्वराज्य के लिए प्रयास करने को कहते हैं तो हमारा तात्पर्य यह होता है कि जनता को राजनीतिक शक्ति मिलनी चाहिए।

—केसरी में प्रकाशित लेखमाला (1907)

(बालगंगाधर तिलक, पृ. 292)

❋ ❋ ❋

स्वराज्य

आपके पास स्वराज्य का आदर्श है, आपके पास इसके लिए कार्य करने की वैधानिक विधियाँ हैं और आप भली प्रकार जानते भी हैं कि इस आदर्श का क्या अर्थ है ?

—अकोला में भाषण (जनवरी, 1916)

(लोकमान्य तिलक : हिज राइटिंग्स एंड स्पीचेज, पृ. 238)

* * *

चाहे दूसरे लोगों द्वारा किया गया प्रबंध कितना ही अच्छा क्यों न हो, परंतु जो प्रबंध करने की सत्ता अपने हाथ में लेना चाहता है, वह कभी भी उस प्रबंध को स्वीकार नहीं करेगा। यही स्वराज्य का सिद्धांत है।

—हिस्टारिकल रिसर्च सोसाइटी में भाषण (1 मई, 1916)

(लोकमान्य तिलक : हिज राइटिंग्स एंड स्पीचेज, पृ. 110)

* * *

जब हम स्वराज्य माँगते हैं तो यह हमारी माँग में शामिल है कि हम सैनिक रूप से अपनी सीमाओं की रक्षा करने के अधिकार की माँग करते हैं।

—बालगंगाधर तिलक, पृ. 393

* * *

जब हम स्वराज्य माँगते हैं तो हमारा तात्पर्य है कि हम अपने घर में स्वामी हों। हम ब्रिटिश साम्राज्य में रहने को तैयार हैं, लेकिन हम कोई निम्न स्थिति सहन नहीं करेंगे। हमारे नेता उपनिवेशीय रूपरेखा पर स्वराज्य की बात करते हैं, क्योंकि उन्हें युद्ध के दौरान पता लगा है कि ये उपनिवेश समान स्थिति का उपभोग करते हैं और वास्तव में पूर्ण रूप से स्वशासित, अर्ध स्वतंत्र डोमिनियनें हैं। हमने यह स्वयं देखा है और हम यही स्थिति चाहते हैं। हम भेड़ों के झुंड में पले सिंह-शावकों जैसे हैं, लेकिन हमने अब समझ लिया है कि हम वास्तव में क्या हैं। जो लोग हमसे सहमत हैं, लेकिन कुछ अधिक करने योग्य नहीं हैं, वे कम-से-कम हमारी सफलताओं के लिए ईश्वर से प्रार्थना ही करें।

—कानपुर में सभा (1 जनवरी, 1917)

* * *

प्रशासन का सर्वोत्तम सिद्धांत है कि सत्ता जनता के हाथों में दे दी जाए। किसी को इससे विरोध नहीं होगा; क्योंकि ऐसा उन अधिकारियों के देश में भी हो रहा है, जो यहाँ शासन कर रहे हैं। जब वे अपने देश जाते हैं तो उन्हें वहाँ इसी बात का समर्थन

करना पड़ता है। इसलिए कोई नहीं कहता कि यह सिद्धांत बुरा है। फिर बुरा क्या है? वे स्पष्ट कहते हैं कि भारतीय आज स्वराज्य के योग्य नहीं हैं।

—हिस्टारिकल रिसर्च सोसाइटी में भाषण (1 मई, 1916)
(लोकमान्य तिलक : हिज राइटिंग्स एंड स्पीचेज, पृ. 117)

* * *

मेरी पूर्ण धारणा है, मेरा चिंतन है कि जीवन में आनेवाला स्वराज्य उस व्यक्ति का उपहार नहीं हो सकता, जिसने जीवन में कभी स्वराज्य का आनंद नहीं लिया।

—लोकमान्य तिलक : हिज राइटिंग्स एंड स्पीचेज, पृ. 277

* * *

मैं आप लोगों से अनुरोध करता हूँ कि आप अपनी स्थिति को समझें और अपने जन्म-अधिकार को प्राप्त करने का प्रयत्न करें। मेरे कहने का आशय है कि आप अपने घर की व्यवस्था अपने आप चलाने के लिए अधिकार प्राप्त करें। यदि आप अपने लिए ऐसा नहीं करेंगे तो आपके लिए यह काम और दूसरा कौन करेगा? आप सरकार द्वारा सम्मोहित होइए। आप इस अधिकार के लिए योग्य हैं। आपने इस बात को देखा नहीं है।

—कानपुर में जनसभा (1 जनवरी, 1917)
(लोकमान्य तिलक : हिज राइटिंग्स एंड स्पीचेज, पृ. 246)

* * *

यदि दूसरे लोग आकर हमारे मार्ग में बाधा डालें, तो हम उन्हें धक्का देकर दूर हटा दें और अपना मार्ग प्रशस्त करें। यही बात स्वराज्य के साथ भी है। स्वराज्य के मार्ग में नौकरशाही बड़ी बाधा है। हमें ऐसी बाधा नहीं चाहिए। हमारी स्वराज्य की माँग ऐसी है कि इसका राज-द्रोह से कोई लेना-देना नहीं है।

—हिस्टारिकल रिसर्च सोसाइटी में भाषण (1 मई, 1916)
(लोकमान्य तिलक : हिज राइटिंग्स एंड स्पीचेज, पृ. 135)

* * *

यदि हमें स्वराज्य नहीं मिलता तो भारत में औद्योगिक प्रगति नहीं होगी, यदि हमें स्वराज्य नहीं मिलता तो राष्ट्र के लिए उपयोगी शिक्षा मिलने की कोई संभावना नहीं होगी। चाहे वह शिक्षा प्राथमिक हो या उच्च स्तर की हो। *—नागर में भाषण (1 जून, 1916)*
(लोकमान्य तिलक : हिज राइटिंग्स एंड स्पीचेज, पृ. 174)

* * *

यह कहने में क्या भय है कि आप स्वराज्य चाहते हैं।

—नागर में भाषण (1 जून, 1916)
(लोकमान्य तिलक : हिज राइटिंग्स एंड स्पीचेज, पृ. 188)

* * *

राजा को देश से बाहर खदेड़ देना और उसकी सत्ता को अपने हाथों में ले लेना 'स्वराज्य' नहीं है। जनता के अधिकारों को अपने हाथों में ले लेना ही स्वराज्य है।

—नागर में भाषण (1 जून, 1916)

(लोकमान्य तिलक : हिज राइटिंग्स एंड स्पीचेज, पृ. 191)

* * *

शाब्दिक दृष्टिकोण से 'स्वराज्य' भले ही अच्छा न लगता हो, परंतु यह स्वदेशी और बहिष्कार से कहीं अधिक अच्छा है। पिछले 30 वर्षों में कांग्रेस ने जितने भी प्रस्ताव पास किए हैं, यह उनका सार है। यह सार हमें एक निश्चित और उत्तरदायित्व ढंग से काम करने के लिए आगे बढ़ने में सहायक सिद्ध होगा।

—राष्ट्रीय कांग्रेस के अवसर पर भाषण (1916)

(लोकमान्य तिलक : हिज राइटिंग्स एंड स्पीचेज, पृ. 225)

* * *

संक्षेप में कहा जा सकता है, कि वह माँग स्वराज्य की माँग होगी, जिसमें हम अपने कार्यों की व्यवस्था अपने हाथों से करने की व्यवस्था चाहेंगे।

—हिस्टारिकल रिसर्च सोसाइटी में भाषण (1 मई, 1916)

(लोकमान्य तिलक : हिज राइटिंग्स एंड स्पीचेज, पृ. 115)

* * *

सत्ता हमारे हाथ में आनी चाहिए। सत्ता के हमारे हाथ में आ जाने से हमारे वंशानुगत गुण, जो हममें विद्यमान हैं, हमें अपने इन गुणों का उपयोग करने के लिए कोई-न-कोई मार्ग मिलेगा। यही स्वराज्य है।

—नागर में भाषण (1 जून, 1916)

(लोकमान्य तिलक : हिज राइटिंग्स एंड स्पीचेज, पृ. 182)

* * *

स्वराज्य का अर्थ समझने के लिए बहुत अधिक बुद्धिमत्ता की आवश्यकता नहीं है। यह साधारण संस्कृत शब्द है, जिसका अर्थ अपने घर में अपना शासन चलाना है। इसीलिए इसे संक्षेप में 'होमरूल' कहा जाता है। आपको अपने घर का प्रशासन चलाने का जन्मसिद्ध अधिकार है; कोई अन्य व्यक्ति इसे चलाने का तब तक अधिकार नहीं रखता जब तक कि आप अल्पवयस्क हैं अथवा मानसिक रोगी।

—कानपुर में जनसभा (1 जनवरी, 1917)

(लोकमान्य तिलक : हिज राइटिंग्स एंड स्पीचेज, पृ. 250-251)

* * *

स्वराज्य का अर्थ यह नहीं है कि अंग्रेजों को यहाँ से खदेड़ दिया जाए। यह कोई बात नहीं है कि राजा कौन है। हमें अपने अधिकार मिल जाने चाहिए। यही हमारे लिए पर्याप्त है। हम किसी भी राजा के अधीन हों, हमें स्व-शासन के अधिकार मिल जाने चाहिए।

—नागर में भाषण (1 जून, 1916)
(लोकमान्य तिलक : हिज राइटिंग्स एंड स्पीचेज, पृ. 179)

* * *

स्वराज्य का विचार बहुत पुराना है। जब हम स्वराज्य कहते हैं तो इससे एक ध्वनि निकलती है कि यहाँ ऐसा शासन है, जो स्वशासन अर्थात् हम भारतीयों के शासन का विरोध करता है। उसी से स्वराज्य की भावना का जन्म होता है।

—हिस्टारिकल रिसर्च सोसाइटी में भाषण (1 मई, 1916)
(लोकमान्य तिलक : हिज राइटिंग्स एंड स्पीचेज, पृ. 98)

* * *

स्वराज्य कोई ऐसा पका फल नहीं है, जो आकाश से आपके मुँह में आ गिरने को तैयार हो। और न ही कोई ऐसा सक्षम व्यक्ति ही है, जो आपके मुँह में उसे डाल सके। आपका कठोर परिश्रम ही उसे आप तक ला सकता है। यह आंदोलन उस परिश्रम का आरंभ है।

—नागर में भाषण (1 जून, 1916)
(लोकमान्य तिलक : हिज राइटिंग्स एंड स्पीचेज, पृ. 213)

* * *

(स्वराज्य के अंतर्गत) शासन की सत्ता जनता में केंद्रित हो। इसका अर्थ है कि इस व्यवस्था में अधिकारी शक्तिशाली नहीं होंगे वरन् राज्य की संप्रभुता शक्तिशाली होगी।

—लोकमान्य तिलक : हिज राइटिंग्स एंड स्पीचेज, पृ. 338

* * *

स्वराज्य देने का कार्य एक ही कानून द्वारा पूरा होना चाहिए। यह बात कि यह घर हमारा है और उसका कब्जा हम चाहे जब ले सकते हैं, स्वीकार की ही जानी चाहिए। ...और वैसा होगा तभी काल और अवधि के बारे में समझौते के लिए गुंजाइश रहेगी, अन्यथा किसी प्रकार का समाधान होना असंभव है।

—लोकमान्य तिलक : एक जीवनी, पृ. 176

* * *

स्वराज्य माँगते समय हम यह भी चाहते हैं कि भारत में ऐसे देशी राज्य हों कि वहाँ शुरू में इंग्लैंड से आनेवाले अंग्रेज प्रशासक और बाद में हमारे चुने हुए अध्यक्ष

प्रशासक के रूप में नियुक्त हों और पूरे राष्ट्र की समस्याओं पर विचार करने के लिए एक पृथक् लोक-परिषद् की स्थापना की जाए।

—नागर में भाषण (1 जून, 1916)
(लोकमान्य तिलक : हिज राइटिंग्स एंड स्पीचेज, पृ. 208)

❊ ❊ ❊

स्वराज्य मेरा जन्मसिद्ध अधिकार है और मैं उसे लेकर रहूँगा।

—लोकमान्य तिलक : एक जीवनी, पृ. 177

❊ ❊ ❊

स्वराज्य या स्वशासन का वह अंतिम लक्ष्य है, जिसे राष्ट्र को धीरे-धीरे प्राप्त करना है और जबकि चाहे राष्ट्र वैधानिक आंदोलन के एक अंग के रूप में सरकार से आग्रह या प्रार्थना करे तथा शिकायतों को दूर कराने या राजनीतिक आकांक्षाओं को फलवती कराने का प्रयत्न करता रहे—राष्ट्र लक्ष्य-प्राप्ति के लिए मुख्य रूप से अपने ही प्रयत्नों पर निर्भर रहेगा। कांग्रेस ने हमारे हाथों में स्वदेशी, बायकाट और राष्ट्रीय शिक्षा के तीन सर्वाधिक शक्तिशाली अस्त्र दे दिए हैं और उनका प्रयोग कर हमें स्वराज्य की स्थापना करनी ही चाहिए। *—बालगंगाधर तिलक, पृ. 181*

❊ ❊ ❊

हमने विभिन्न कोनों और दिशाओं से स्वराज्य के किले को फतह करने की कोशिश की और इसमें बहुत से प्रयत्न बेकार गए और अब स्वराज्य के पूरे किले को फतह करने के लिए मुख्य प्रवेश-द्वार को ही तोड़ने का निश्चय किया गया है। अगर हम पूरा पेड़ ही चाहते हैं तो पत्तियों और कलियों, फलों और फूलों को तोड़ने से कोई लाभ नहीं। हमें उसकी तह और जड़ों तक भी पहुँचना चाहिए।

—मुर्तजापुर (कलकत्ता) की सार्वजनिक सभा (1917)

❊ ❊ ❊

हम स्वराज्य चाहते हैं। यह बात आपको निर्भीक होकर कहनी चाहिए। यदि आपमें ऐसा कहने का साहस नहीं तो यह दूसरी बात है। मुझे विश्वास है, समस्त भारत इस बात को श्रेष्ठ मानेगा। यदि आप न भी मानें तो आपकी संतान इसे अवश्य स्वीकार करेगी, भले ही आपमें संकल्प-शक्ति न हो तब भी स्वराज्य का आंदोलन चलाते रहिए। यदि आप नहीं तो आपकी नई पीढ़ी इसके लिए प्रयत्न करेगी, परंतु वह निश्चय ही आपको मूर्ख कहेगी।

—नागर में भाषण (1 जून, 1916)
(लोकमान्य तिलक : हिज राइटिंग्स एंड स्पीचेज, पृ. 217)

❊ ❊ ❊

हमारी मूल माँग स्वराज्य है, हमें स्वराज्य पाना चाहिए, हमारा किसी व्यक्ति के स्वर पर नाचने लगना ठीक नहीं। यह बात स्वराज्य पाने पर भी हो सकती है, मैं इस बात को अस्वीकार नहीं करता। जब हमारे पास धन का अभाव हो और हमें सत्ता सौंप दी जाए तो हम कर बढ़ा सकते हैं; हम इसे जनमत से बढ़ाएँगे। नहीं तो हम खर्चे कहाँ से पूरे करेंगे? क्योंकि यह जनमत से किया जाएगा इसलिए इसका हमारे मन पर दबाव नहीं पड़ेगा।

—हिस्टारिकिल रिसर्च सोसाइटी में भाषण (1 मई, 1916)
(लोकमान्य तिलक : हिज राइटिंग्स एंड स्पीचेज, पृ. 135)

❋ ❋ ❋

हिंदुस्तान पर अगर कोई आक्रमण करे, तो हिंदुस्तानी उसका प्रतिकार करने के लिए अपनी जान तक कुरबान कर देंगे। किंतु स्वराज्य और स्वदेश-संरक्षण, इन दोनों का संबंध तोड़ा नहीं जा सकता। *—बंबई प्रांतीय परिषद् में भाषण (10 जून, 1918)*

('स्वशासन' व 'होमरूल' भी देखें)

❋ ❋ ❋

स्वराज्य-कामना

अगर हमें स्वराज्य चाहिए तो हमें अपने देश की रक्षा भी करनी चाहिए। यह बहुत जरूरी है कि पढ़े-लिखे लोग फौज में भरती हों। इसी में राजभक्ति है, देशभक्ति है, साम्राज्यनिष्ठा है और राजनीति भी इसी में है।

—लोकमान्य तिलक : एक जीवनी, पृ. 172

❋ ❋ ❋

स्वराज्य की माँग

स्वराज्य की माँग में कोई राजद्रोह नहीं है, उच्च न्यायालयों ने भी यही निर्णय दिया है। अब हमारा मार्ग बिलकुल साफ है, सारी कठिनाइयाँ दूर हो गई हैं। हममें से प्रत्येक को, चाहे वह हिंदू है या मुसलमान, उदारवादी है या राष्ट्रवादी, स्वराज्य की स्पष्ट विचारधारा के साथ काम करना चाहिए और निर्भीक होकर समग्र उत्साह के साथ उसका प्रचार करना चाहिए।

—कानपुर में जनसभा (1 जनवरी, 1917)
(लोकमान्य तिलक : हिज राइटिंग्स एंड स्पीचेज, पृ. 252)

❋ ❋ ❋

स्वराज्य-प्राप्ति

अंग्रेजों की हुकूमत के कारण हमारा गुण-कर्म विशिष्ट चातुर्वर्ण्य नष्ट हो गया है। क्षत्रियों के लिए कुछ काम ही नहीं रहा है। मतलब, गुण-कर्म का ही पूर्णत: लोप हो गया

है।...हम अगर और कुछ न कर सकें तो कम-से-कम स्वराज्य-प्राप्ति के लिए प्रार्थना तो जरूर करें। —*लोकमान्य तिलक : एक जीवनी, पृ. 171*

* * *

स्वशासन

अंग्रेजी सरकार के आने से पूर्व इस देश में कम-से-कम कुछ व्यवस्था तो थी, उस समय प्रत्येक स्थान पर अव्यवस्था नहीं थी, कोई किसी की हत्या नहीं करता था। क्योंकि यहाँ ऐसी व्यवस्था थी इसलिए यह कैसे कहा जा सकता है कि भारत के लोग स्वशासन के योग्य नहीं हैं ?—*हिस्टारिकल रिसर्च सोसाइटी में भाषण, (1 मई, 1916)*

(लोकमान्य तिलक : हिज राइटिंग्स एंड स्पीचेज, पृ. 120)

* * *

अब हम अल्पवयस्क नहीं रहे हैं, न ही हम पागल हैं; हम अपने घरेलू मामले देखने की योग्यता रखते हैं और हम ही अपने घर का शासन चलाएँगे।

—कानपुर में जनसभा (1 जनवरी, 1917)

(लोकमान्य तिलक : हिज राइटिंग्स एंड स्पीचेज, पृ. 251)

* * *

आपको शक्तिशाली नौकरशाही के हाथों से समग्र स्वशासन छीनना है। इस शासन ने पहले से ही प्रयत्न शुरू कर दिया है कि वह सत्ता उसके हाथों में रहे। ऐसा होना स्वाभाविक है। यदि आप सत्ता में होते तो आप भी ऐसा ही करते।

—लखनऊ में थियोसॉफिकल कन्वेंशन में भाषण (30 दिसंबर, 1916)

(लोकमान्य तिलक : हिज राइटिंग्स एंड स्पीचेज़, पृ. 228-229)

* * *

जब तक कोई राष्ट्र अपना हित स्वयं करने के लिए स्वतंत्र नहीं है, अथवा जब तक राष्ट्र को अपने हित की व्यवस्था करने की शक्ति प्राप्त नहीं है तब तक मेरा विचार है आपका पेट नहीं भर सकता, यदि दूसरे लोग आपको ऐसे ही खिलाते रहे।

—नागर में भाषण (1 जून, 1916)

(लोकमान्य तिलक : हिज राइटिंग्स एंड स्पीचेज, पृ. 209)

* * *

जब राष्ट्र में लोग शिक्षित होने लगते हैं और समझने लगते हैं कि उन्हें कार्यों का प्रबंध कैसे करना चाहिए, तब उनके लिए बिलकुल स्वाभाविक है कि वे उन कार्यों का प्रबंध स्वयं करने का अधिकार माँगें, जिनका प्रबंध दूसरे लोग करते हैं।

—हिस्टारिकल रिसर्च सोसाइटी में भाषण (1 मई, 1916)

(लोकमान्य तिलक : हिज राइटिंग्स एंड स्पीचेज, पृ. 114)

* * *

मुख्य बात समस्त नियंत्रण को अपने हाथों में रखना है। मैं अपने घर की कुंजी अपने हाथ में रखना चाहूँगा, किसी अजनबी को क्यों हथियाने दूँगा। हमारा लक्ष्य 'स्व-शासन' स्थापित करना है, हम प्रशासन-तंत्र पर अपना नियंत्रण रखना चाहते हैं। हम एक लिपिक बनकर शासन तंत्र में नहीं रहना चाहते।

—कलकत्ता में भाषण (2 जनवरी, 1907)

(लोकमान्य तिलक : हिज राइटिंग्स एंड स्पीचेज, पृ. 49)

* * *

यदि ब्रिटिश साम्राज्य के अंतर्गत भारत को स्वशासित सदस्य के रूप में प्रतिष्ठित नहीं किया गया, तो उसे निराशा होगी। साम्राज्य के अंत तक बने रहने के लिए तथा एक ठोस नींव प्रदान करने के लिए भारत के लिए स्वशासन स्वीकार किया ही जाना चाहिए।

—लोकमान्य तिलक : हिज राइटिंग्स एंड स्पीचेज, पृ. 344

* * *

वे लोग, जो आप पर शासन कर रहे हैं आपके धर्म, आपकी जाति और आपके देश के नहीं हैं। यह प्रश्न अलग है कि अंग्रेजी सरकार का शासन अच्छा है या बुरा। अपना शासन होना या विदेशियों का शासन होना दूसरा पृथक् प्रश्न है।

—हिस्टारिकल रिसर्च सोसाइटी में भाषण (1 मई, 1916)

(लोकमान्य तिलक : हिज राइटिंग्स एंड स्पीचेज, पृ. 98)

* * *

स्वशासन का अर्थ जैसा कि मैंने बताया था, प्रतिनिधि सरकार से है, जिसमें जनता की इच्छाओं का सम्मान किया जाएगा और उनके ही अनुरूप काम किया जाएगा, उनका वैसा तिरस्कार नहीं किया जाएगा जैसा आज की सरकार अल्पसंख्यक प्रशासन-सेवकों के हित में करती जा रही है।

—अकोला में भाषण (जनवरी, 1916)

(लोकमान्य तिलक : हिज राइटिंग्स एंड स्पीचेज, पृ. 235)

* * *

हम चाहते हैं कि जैसे हम देशी रियासतों में अपने कार्यों की कर-व्यवस्था स्वयं कर रहे हैं वैसे ही हम अपनी व्यवस्था अंग्रेजी प्रशासन में भी चलाएँ। कर लगाकर जो मालगुजारी हम प्राप्त करते हैं, उसे बढ़ाने का अधिकार हमें ही हो, हम इसे शिक्षा पर अधिक खर्च करेंगे, यदि आबकारी से हमें कम मालगुजारी मिलती है तो हम निश्चय करेंगे कि हमें कहाँ, कितने कर बढ़ाने हैं। हमें ही इन कामों को करना है, दूसरों का हस्तक्षेप नहीं होना चाहिए।

—नागर में भाषण (1 जून, 1916)

(लोकमान्य तिलक : हिज राइटिंग्स एंड स्पीचेज, पृ. 202)

* * *

हमें धन की व्यवस्था करने का निर्णय वैसे लेना चाहिए जैसा हम अपने घर, अपने गाँव, अपने प्रदेश या देश के लिए करते हैं। यदि हम ऐसा सोचकर निर्णय लेते हैं तो यह व्यवस्था कम लागत में ही हो जाएगी, अच्छी प्रकार से होगी और यह विचार करना भी देश की जनता की भलाई में होगा कि किन विषयों पर अधिक व्यय किया जाए और किन पर कम व्यय किया जाए।

—अहमदनगर पर भाषण (31 मई, 1916)

(लोकमान्य तिलक : हिज राइटिंग्स एंड स्पीचेज, पृ. 159)

* * *

हमें सत्ता चाहिए, सत्ता हमारे हाथ में आनी चाहिए। सरकारी कर्मचारी जनता के सेवक समझे जाएँ। ऐसा मत सोचिए कि भविष्य में जब भी सत्ता आपके हाथ में आएगी तो आप यूरोपवासियों को अपना कर्मचारी (सेवक) नहीं बनाएँगे। यदि वह अच्छा काम करेगा तो हम उसे रखेंगे और उसे वही वेतन देंगे, जो हम उपयुक्त समझेंगे। परंतु वह हमारा सेवक होगा, हम उसके सेवक नहीं होंगे।

—अहमदनगर में भाषण (31 मई, 1916)

(लोकमान्य तिलक : हिज राइटिंग्स एंड स्पीचेज, पृ. 172)

('स्वराज्य' और 'होमरूल' भी देखें)

* * *

स्वहित

आप उनके (अंग्रेजों के) पैसे और स्वार्थ को हाथ नहीं लगा सकते और वह व्यक्ति वास्तव में मूर्ख होगा, जो एक दार्शनिक भाषण को सुनकर अपना हित ही भूल जाए। समझदार तो वही है, जो कहेगा भाषण बहुत अच्छा रहा, परंतु मैं अपना हित भूलनेवाला नहीं हूँ।

—कलकत्ता में भाषण (2 जनवरी, 1907)

(लोकमान्य तिलक : हिज राइटिंग्स एंड स्पीचेज, पृ. 43)

* * *

हमारा कर्तव्य

जो राष्ट्रीय कार्य आज हमारे सामने है, वह इतना महान्, विशाल और आवश्यक है कि मैं जो लगन और साहस दिखा सका हूँ, आप उससे भी अधिक लगन और साहस के लिए कार्य करें। यह कार्य ऐसा नहीं है कि जिसे टाला जा सके। हमारी मातृभूमि हममें से प्रत्येक को कुछ कर गुजरने के लिए पुकार रही है। मैं नहीं सोचता कि उसके पुत्र इस प्रकार की उपेक्षा करेंगे। यहाँ विरोध, ईर्ष्या, सम्मान, अपमान या भय को कोई

स्थान नहीं है। केवल ईश्वर ही हमारे प्रयत्नों में हमारी सहायता कर सकता है और यह निश्चित है कि हम नहीं तो अगली पीढ़ी इनके फलों का उपभोग करेगी। *—बालगंगाधर तिलक, पृ. 374*

* * *

हरबर्ट स्पेंसर

हरबर्ट स्पेंसर का नाम सारी दुनिया में प्रसिद्ध है। आधिभौतिक विचार-प्रवाह से ग्रस्त इस युग में वैराग्य और निष्ठा से आध्यात्मिक प्रश्नों का विचार करने में स्पेंसर ने अपना सारा जीवन बिताया। उन्होंने अपनी अलौकिक बुद्धि-शक्ति के द्वारा भावी पीढ़ी के विचारों को दिशा बताई। ऐसे पुरुष ही दुनिया के सच्चे हितकर्ता होते हैं। वे किसी भी देश में जन्मे हों, 'विद्वान् सर्वत्र पूज्यते', इस न्याय से सबके आदर के पात्र बनते हैं।

—हरबर्ट स्पेंसर की मृत्यु पर (दिसंबर 1900)

(लोकमान्य तिलक : हिज राइटिंग्स एंड स्पीचेज, पृ. 121)

* * *

हिंदू-धर्म

अपनी भव्य विजय और सफलता के लिए आवश्यक है कि हम हिंदू-धर्म के सभी संप्रदायों को एक मंच पर लाएँ और उन्हें एकता के सूत्र में बाँधें; इस एक सूत्रबद्ध हिंदू-धर्म की धारा को शक्तिशाली संगठन देकर और केंद्रित बल देकर एक ही मार्ग से प्रवाहित होने का अवसर दें। *—धर्म के संबंध में व्याख्यान, बनारस (3 जनवरी, 1906)*

कोई अन्य धर्म ईश्वर के अवतरण की आशा नहीं करता। इसका कारण है कि हिंदू-धर्म जीवंत है, मृतप्राय नहीं है। हम कभी भी निराश नहीं रहे हैं। नास्तिक जो चाहे कहें, एक समय आएगा, जब हमारे धार्मिक विचार और कर्मकांड तर्क-संगत सिद्ध होंगे।

—धर्म के संबंध में व्याख्यान, बनारस (3 जनवरी, 1906)

* * *

पृथ्वीतल पर हिंदू-धर्म जैसा कोई और धर्म नहीं है, जो यह आश्वासन दे सके कि आवश्यकता पड़ने पर ईश्वर हमारे बीच अवतरित होता है।

—धर्म के संबंध में व्याख्यान, बनारस (3 जनवरी, 1906)

(लोकमान्य तिलक : हिज राइटिंग्स एंड स्पीचेज, पृ. 16)

* * *

यदि संसार में कोई धर्म है, जो दूसरे धर्मों के विश्वासों को सहन करना सिखाता है और निर्देश देता है कि व्यक्ति अपने धर्म पर आचरण करता रहे, वह एकमात्र हिंदू-धर्म है। (राष्ट्रीय विद्यालयों में हिंदुत्व की और मुसलमानों को इसलाम की शिक्षा दी

जाएगी। वहाँ यह भी पढ़ाया जाएगा कि दूसरे धर्मों के बीच पाए जानेवाले मतभेदों को दूर कर दिया जाए और भुला दिया जाए।)

—राष्ट्रीय शिक्षा पर भाषण (1908)

(लोकमान्य तिलक : हिज राइटिंग्स एंड स्पीचेज, पृ. 74)

* * *

यह धर्म (हिंदू-धर्म) सत्य पर अवलंबित है और सत्य कभी नहीं मरता। मैं ऐसा ही कहूँगा और अपने कथन की सत्यता प्रमाणित करने के लिए तैयार भी हूँ। मेरी धारणा है कि सत्य किसी एक व्यक्ति की बपौती नहीं है, यह सार्वभौमिक और सर्वव्यापी है। यह किसी विशेष वर्ग या जाति तक सीमित नहीं है। हिंदू-धर्म सभी धर्मों के प्रति सहिष्णु है। हमारा धर्म कहता है कि सभी धर्म सत्य पर आधारित हैं; मैं अपने धर्म का पालन करता हूँ, तुम अपने धर्म का पालन करो।

—धर्म के संबंध में व्याख्यान, बनारस (3 जनवरी, 1906)

(लोकमान्य तिलक : हिज राइटिंग्स एंड स्पीचेज, पृ. 16)

* * *

ये सभी हिंदू संप्रदाय वैदिक धर्म की विविध शाखाएँ हैं। 'सनातन-धर्म' शब्द से व्यक्त होता है कि हिंदू-धर्म बहुत प्राचीन है—यह इतना ही प्राचीन है जितनी प्राचीन मानव-जाति है। आदिकाल से ही आर्यों का धर्म वैदिक धर्म रहा है; आप जानते हैं वैदिक धर्म के बिना कोई भी हिंदू-संप्रदाय जीवित नहीं रह सकता। हिंदू-धर्म विभिन्न मतों के सह-संबंधों से बना है जैसे कई पुत्र-पुत्रियों के सह-संबंध से परिवार बनता है।

—धर्म के संबंध में व्याख्यान, बनारस (3 जनवरी, 1906)

(लोकमान्य तिलक : हिज राइटिंग्स एंड स्पीचेज, पृ. 13)

* * *

यदि हम विभिन्न हिंदू-संप्रदायों के साधारण मतभेदों को भुलाने पर बल दें तो ईश्वर की कृपा से हम एक शक्तिशाली हिंदू-राष्ट्र की स्थापना कर सकते हैं, यह प्रत्येक हिंदू की आकांक्षा होनी चाहिए। यदि आप इस प्रकार एक होने का प्रयत्न करें तो कुछ ही वर्षों में भारत के सभी लोग एक भावना और एक विचार से प्रेरित होंगे।

—धर्म के संबंध में व्याख्यान, बनारस (3 जनवरी, 1906)

(लोकमान्य तिलक : हिज राइटिंग्स एंड स्पीचेज, पृ. 14)

* * *

हिंसा

आपसे यह कोई नहीं कहता कि आप तलवार के बल पर अपना अधिकार सरकार से लें।

—अहमदनगर में भाषण (31 मई, 1916)

(लोकमान्य तिलक : हिज राइटिंग्स एंड स्पीचेज, पृ. 162)

* * *

सिर्फ किसी की जान ले लेना ही हिंसा नहीं है। उसमें किसी के मन अथवा शरीर को दु:ख देने का भी समावेश किया जाता है। अर्थात् किसी सचेतन प्राणी को किसी प्रकार दु:खित न करना ही अहिंसा है।

—श्रीमद्‍भगवद्‍गीता रहस्य अथवा कर्मयोगशास्त्र, पृ. 30

✻ ✻ ✻

होमरूल

आप सरकार की सहायता तो करें पर चुपचाप सहायता न करें। आप अपना धन सरकार के बक्से में चुपचाप मत डालिए, उसके साथ एक पर्ची नत्थी कीजिए और उस पर लिख दीजिए, यह होमरूल प्राप्त करने के लिए अग्रिम धन है।

—लोकमान्य तिलक : हिज राइटिंग्स एंड स्पीचेज, पृ. 268

✻ ✻ ✻

प्रत्येक व्यक्ति को खुले रूप में साहस के साथ होमरूल की माँग करनी चाहिए और अपने आपको पक्का स्वराजी या होमरूलर कहना चाहिए। भारत के लिए होमरूल का आदर्श वैधानिक मान लिया गया है।

—लोकमान्य तिलक : हिज राइटिंग्स एंड स्पीचेज, पृ. 344

✻ ✻ ✻

प्रत्येक व्यक्ति जानता है कि होमरूल का अर्थ क्या है ? होमरूल कुछ नहीं है सिवाय इसके कि अपने घर का प्रबंध अपने हाथों में रखना। यह सबसे सरल परिभाषा है, जो शब्दों में की जा सकती है।

—लोकमान्य तिलक : हिज राइटिंग्स एंड स्पीचेज, पृ. 281

✻ ✻ ✻

मैं और आगे कहता हूँ कि 'होमरूल' हमारा धर्म है। जैसे आप ऊष्मा के गुण को अग्नि से पृथक् नहीं कर सकते वैसे ही आप हमें होमरूल से पृथक् नहीं कर सकते; दोनों एक-दूसरे से पृथक् नहीं हो सकते। वे एकता के सूत्र में आबद्ध हैं। आपके विचार स्पष्ट हों, आपके लक्ष्य ईमानदार हों, और आपके प्रयास संवैधानिक हों तो मुझे पूर्ण विश्वास है कि आपको अपने प्रयत्नों में सफलता मिलेगी। कायर न बनें। शक्तिशाली बनें और विश्वास रखें कि ईश्वर आपके साथ है। याद रखिए 'ईश्वर उनकी सहायता करता है, जो अपनी सहायता स्वयं करते हैं।'

—कानपुर में जनसभा (1 जनवरी, 1917)

(लोकमान्य तिलक : हिज राइटिंग्स एंड स्पीचेज, पृ. 256-257)

✻ ✻ ✻

यदि आप अपने घर की रक्षा करने के लिए आगे नहीं आते हैं तो मैं होमरूल आंदोलन छोड़ दूँगा। यदि आप होमरूल चाहते हैं तो अपने घर की रक्षा करने के लिए तैयार हो जाइए। यदि आयु का कोई प्रतिबंध न हो तो मैं सबसे पहले स्वयं को इसके लिए अर्पित करता हूँ। आपके ऐसा कहने में कोई तर्क नहीं दीखता कि शासन तो आप करें और घर की रक्षा के मामले में यूरोप या जापानी लोग आपके लिए लड़ें।

—लोकमान्य तिलक : हिज राइटिंग्स एंड स्पीचेज, पृ. 356

* * *

यह (होमरूल) कुशासन को समाप्त करने का एकमात्र हल है, जिसे हिंदू, मुसलमान, उदार और राष्ट्रीयवादी सभी ने एकमत से स्वीकार किया है। इसका अर्थ है कि देश में प्रतिनिधि सरकार लाई जाए, ऐसी सरकार लाई जाए, जिस पर जनता का नियंत्रण हो।

—अकोला में भाषण (जनवरी, 1916)

(लोकमान्य तिलक : हिज राइटिंग्स एंड स्पीचेज, पृ. 235)

* * *

ये सब अतिशयोक्तिपूर्ण वाक्यांश जैसे साम्राज्य की भागीदारी, समानता की बात आदि का सीधा-सादा अर्थ है कि मैं अपने देश में विदेशी बनकर न रहूँ, वैसा ही मालिक बनकर रहूँ जैसे कि एक अंग्रेज अपने देश में और उपनिवेश में मालिक बनकर रहता है।

—नासिक सम्मेलन में होमरूल प्रस्ताव पर भाषण (1917)

(लोकमान्य तिलक : हिज राइटिंग्स एंड स्पीचेज, पृ. 303)

* * *

हम इस (होमरूल) प्रस्ताव को कार्यान्वित कराने के लिए प्रयत्न करेंगे भले ही इस प्रयास में हमें मरुस्थल जाना पड़े, अज्ञातवास करना पड़े, हमें किसी भी कठिनाई का सामना करना पड़े और अंत में हमारी मृत्यु ही क्यों न हो जाए।

—नासिक सम्मेलन में होमरूल प्रस्ताव पर भाषण (1917)

(लोकमान्य तिलक : हिज राइटिंग्स एंड स्पीचेज, पृ. 274)

* * *

हमसे कहा गया है कि हम होमरूल के योग्य नहीं हैं। एक शताब्दी बीत गई और ब्रिटिश सरकार ने हमें अभी तक होमरूल के योग्य नहीं बनाया। अब हम इसके लिए स्वयं प्रयत्न करेंगे और अपने आपको होमरूल के लिए योग्य बनाएँगे।

—नासिक सम्मेलन में होमरूल प्रस्ताव पर भाषण (1917)

(लोकमान्य तिलक : हिज राइटिंग्स एंड स्पीचेज, पृ. 273)

* * *

हमें सरकार को यह सिद्ध कर दिखाना है कि भारत को होमरूल की अत्यधिक एवं तत्काल आवश्यकता है। भारत इसकी माँग करता है। भारत की होमरूल की माँग वर्तमान सरकार की दोषपूर्ण कार्य-प्रणाली को देखते हुए आवश्यक है। इस कार्य-प्रणाली में तब तक सुधार नहीं हो सकता जब तक स्वशासन न लाया जाए। हम यह सिद्ध कर देंगे कि स्वराज्य मिलने पर हम उसका संचालन कितने अच्छे ढंग से करते हैं।

—अकोला में भाषण (जनवरी 1916)

(लोकमान्य तिलक : हिज राइटिंग्स एंड स्पीचेज, पृ. 233)

* * *

होमरूल आंदोलन इसलिए चलाया गया है कि आप लोग अपने घर के स्वामी बन सकें, केवल सेवक न बनें। यह इस आंदोलन का यथार्थ लक्ष्य है। प्रत्येक भारतीय का कर्तव्य है कि वह नैतिक और बौद्धिक दृष्टि से इस लक्ष्य को प्राप्त करे। होमरूल और कुछ नहीं, केवल आपको अपने घर का स्वामी बनाने का आंदोलन है।

—कानपुर में जनसभा (1 जनवरी, 1917)

(लोकमान्य तिलक : हिज राइटिंग्स एंड स्पीचेज, पृ. 245)

* * *

होमरूल का अर्थ है कि मेरे मामले मेरी ही राय लेकर निपटाए जाएँ।

—लोकमान्य तिलक : हिज राइटिंग्स एंड स्पीचेज, पृ. 267

* * *

होमरूल का अर्थ कौन नहीं जानता? कौन इसे नहीं चाहता? यदि मैं आपके घर में बलपूर्वक घुस जाऊँ और आपकी रसोई की व्यवस्था पर आधिपत्य जमा लूँ तो क्या आप इसे पसंद करेंगे? मुझे अपने घर के मामले स्वयं सुलझाने का अधिकार होना चाहिए।

—नासिक सम्मेलन में होमरूल प्रस्ताव पर भाषण (1917)

(लोकमान्य तिलक : हिज राइटिंग्स एंड स्पीचेज, पृ. 273)

* * *

होमरूल की बड़ी ही सरल परिभाषा, जिसे एक साधारण किसान भी समझ सकता है, यह है कि मैं भी अपने देश में वैसी ही स्वतंत्रता का अनुभव करूँ जैसे कोई अंग्रेज इंग्लैंड में या किसी उपनिवेश में रहकर अनुभव करता है।

—नासिक सम्मेलन में होमरूल प्रस्ताव पर भाषण (1917)

(लोकमान्य तिलक : हिज राइटिंग्स एंड स्पीचेज, पृ. 303)

* * *

होमरूल (स्वदेशी शासन) का दूसरा सिद्धांत यह है कि ये अधिकार हमारे लोगों के हाथों में अच्छे भारतीय लोगों के हाथों में अर्थात् हमारी जनता द्वारा चुने गए लोगों के हाथों में आने चाहिए।

—हिस्टॉरिकल रिसर्च सोसाइटी में भाषण (1 मई, 1916)

(लोकमान्य तिलक : हिज राइटिंग्स एंड स्पीचेज, पृ. 133)

—स्वराज्य और स्वशासन भी देखें

* * *

विविध

अब केवल मनुष्य-मात्र शेष है और उसके कर्तव्य लुप्त हो गए हैं। आज आपकी भावना केवल यही है कि मैं क्षत्रिय हूँ, आप ब्राह्मण हैं और वह शूद्र है। सब अपने गुणधर्म खो चुके हैं। मैं किसी के प्रति पक्षपात की बात नहीं कर रहा हूँ।

—कानपुर में जनसभा (1 जनवरी, 1917)

(लोकमान्य तिलक : हिज राइटिंग्स एंड स्पीचेज, पृ. 244)

* * *

इस समय जाति, समुदाय या ईर्ष्यागत भावनाओं को भुलाकर निर्भीक और बहादुर बनकर आगे बढ़ने की आवश्यकता पर बल देना ही मुख्य कार्य है।

—लोकमान्य तिलक : हिज राइटिंग्स एंड स्पीचेज, पृ. 300

* * *

इसे विडंबना ही कहिए कि व्यक्ति में जितना महान् पांडित्य आता जा रहा है, उसे उतना ही कम राजनीतिक प्रतिनिधित्व मिल रहा है।

—शिवाजी अभिषेक दिवस पर भाषण (25 जून, 1907)

(लोकमान्य तिलक : हिज राइटिंग्स एंड स्पीचेज, पृ. 57)

* * *

एक अल्पवयस्क व्यक्ति की स्थिति देखिए, जिसकी संपत्ति एक न्यासधारी के नियंत्रण में है। अब अल्पवयस्क व्यक्ति वयस्क हो जाता है और अपनी संपत्ति की माँग करता है। अब न्यासधारी अपने पक्ष में कहते हैं कि वे उसे संपत्ति अंशों में देंगे। पहले बाहरी अस्तबल देंगे, बाद में दूसरे भाग। इसका क्या परिणाम होगा?

—लोकमान्य तिलक : हिज राइटिंग्स एंड स्पीचेज, पृ. 314

* * *

एक माली से कहा जाए कि तुम केवल इसी स्थान पर वाटिका तैयार करो, तो उसे गमलों की आवश्यकता होगी। जब वन-विभाग द्वारा वन उगाने होते हैं तब गमलों की आवश्यकता नहीं होगी; तब तो बीजों के बोरे मँगाए जाते हैं और उन्हें उगने के लिए

बिखेर दिया जाता है, बोरे खाली कर दिए जाते हैं। कुछ सीमा तक इधर-उधर पेड़ उग आते हैं। उनमें से कुछ छोटे तो कुछ बड़े होते हैं। आधुनिक व्यवस्था उसी माली जैसी है। इस व्यवस्था से हमारे बीच पेड़ नहीं उगते और इस बात पर ध्यान दिया जाता है कि पौधे गमलों में उगाए जाएँ और सुंदर लगें। फूल हाथ की पहुँच तक हों और तोड़े जा सकें।

—लोकमान्य तिलक : हिज राइटिंग्स एंड स्पीचेज, पृ. 132

❋ ❋ ❋

कुछ लोगों ने कहा है कि हम मुसलमानों के लिए बहुत अधिक झुक गए हैं। मुझे विश्वास है कि मैं संपूर्ण भारत की हिंदू-जाति की भावना का प्रतिनिधित्व करता हूँ और मैं कहता हूँ कि हम बहुत अधिक नहीं झुक सकते थे। अगर केवल मुसलमान जाति को ही स्वराज के अधिकार प्रदान कर दिए जाएँ, तो मैं परवाह नहीं करूँगा। अगर वे राजपूतों को दे दिए जाएँ तो मुझे चिंता नहीं होगी। और अगर अंग्रेज सरकार हिंदुओं की निम्न जातियों को सुरक्षित वर्गों से अधिक योग्य मानकर उन्हें ही ये अधिकार दे दे तो भी मैं बुरा नहीं मानूँगा। किसी भी भारतीय जाति को यह अधिकार दे दिए जाने पर मुझे चिंता न होगी। तब संघर्ष उनमें और जाति के अन्य वर्गों के बीच में ही रह जाएगा। और अब की तरह त्रिदलीय संघर्ष नहीं रहेगा। हमें एक शक्तिशाली, अभिच्छुक नौकरशाही से ये अधिकार छीनना है। हमें एक तीसरे दल से लड़ना है और इसलिए यह बहुत ही महत्त्वपूर्ण है कि हम इस मंच पर अपनी जाति, धर्म और सभी प्रकार के विभिन्न राजनीतिक मत-मतांतरों की एकता के साथ मिलकर खड़े हों। हमने एकता के इस अस्त्र को गढ़ा है और यही आज सबसे महत्त्वपूर्ण घटना है।*— बाल गंगाधर तिलक, पृ. 386*

❋ ❋ ❋

जब कोई नई बात किसी भी स्थान पर स्वतंत्र रीति से उत्पन्न होती है, तब उसका उदय सदैव क्रमशः हुआ करता है; और इसीलिए उसकी उन्नति का क्रम भी बतलाया जा सकता है।

— श्रीमद्‍भगवद्‍गीता रहस्य अथवा कर्मयोगशास्त्र, पृ. 591

❋ ❋ ❋

जब दो ग्रंथों के विषय में यह शंका की जाती है कि वे दोनों एक ही ग्रंथकार के हैं या नहीं, तब काव्यमीमांसकगण पहले इन दोनों बातों—शब्दसादृश्य और अर्थसादृश्य—का विचार किया करते हैं। शब्दसादृश्य में केवल शब्दों ही का समावेश नहीं होता; बल्कि उसमें भाषा-रचना का भी समावेश किया जाता है।

— श्रीमद्‍भगवद्‍गीता रहस्य अथवा कर्मयोगशास्त्र, पृ. 515

❋ ❋ ❋

जिससे बदला लिया जाना हो उसके प्रति मस्तिष्क में पूर्ण रिक्ततामात्र उत्पन्न कर देने से ही प्रभावोत्पादक रूप से बदला लिया जा सकता है। लेकिन यही प्रभावोत्पादक रूप से इस प्रकार भी किया जा सकता है कि उसे ऐसी स्मृतियों से आवेष्ठित कर निरंतर ध्यान में रखा जाए कि वे भावनाएँ जिन्होंने मुख्य रूप से पृथक्कीकरण प्रेरित किया है, और अधिक तीव्र हो उठें।

—मराठा, (सितंबर 1904), संपादकीय लेख

* * *

जैसे परिवार में कोई व्यक्ति ऐसा होना चाहिए जो परिवार का प्रबंध देखे—जब परिवार में कोई ऐसा व्यक्ति नहीं होता तो किसी बाहरी व्यक्ति को परिवार का प्रबंध देखने के लिए न्यासधारी नियुक्त किया जाता है—यही बात एक राज्य के प्रबंध में भी होती है।

—हिस्टारिकल रिसर्च सोसाइटी में भाषण (1 मई, 1916)
(लोकमान्य तिलक : हिज राइटिंग्स एंड स्पीचेज, पृ. 99-100)

* * *

जो व्यापारी ब्रिटिश-व्यापार के सहारे जीवन की विलासिताओं का आनंद ले रहे हैं, उनसे आशा नहीं की जा सकती कि वे साहस के साथ सामने आकर सरकार के विरुद्ध कुछ बोल सकेंगे।

—लोकमान्य तिलक : हिज राइटिंग्स एंड स्पीचेज, पृ. 58

* * *

देवी जानती है कि आपके मन में क्या है और इन परिचित देवियों में स्वतंत्रता की देवी इस विषय में महत्त्वपूर्ण है। आप इससे वही माँगिए जो आप चाहते हैं, वह वही देगी। संभवतः एक या दो बार वे 'ना' भी कर दें। वे कितनी बार 'ना' कहेंगी ? उन्हें यह बात अनुभव करा देनी चाहिए कि इच्छा पूरी होने में कोई प्रपंच नहीं है।

—लोकमान्य तिलक : हिज राइटिंग्स एंड स्पीचेज, पृ. 189

* * *

दो भिन्न-भिन्न देशों के दो ग्रंथकारों को एक ही से विचारों का एक ही समय में (अथवा कभी आगे-पीछे भी) स्वतंत्र रीति से सूझ पड़ना कोई बिलकुल अशक्य बात नहीं है।

—श्रीमद्‌भगवद्‌गीता रहस्य अथवा कर्मयोगशास्त्र, पृ. 587

* * *

पेशवाओं का शासन इसलिए समाप्त नहीं हुआ कि उन्होंने राजनीतिक सत्ता हथियाई थी, वरन ऐसा होना स्वाभाविक था, क्योंकि एक ही परिवार या वंश निरंतर

ऐसे अतुलनीय वीर, योग्य पुरुष और राजनीति-विशेषज्ञों को जन्म नहीं दे सकता जैसा कि बालाजी विश्वनाथ का परिवार जन्म दे सकता।

—लोकमान्य तिलक : हिज राइटिंग्स एंड स्पीचेज, पृ. 68

* * *

प्रतिवर्ष कोई 30-40 करोड़ रुपया भारत से बाहर चला जाता है, जिसका कोई लाभ भारत को नहीं पहुँचता। इसलिए हम निर्धनता की दुर्दशा को पहुँच गए हैं। यदि ये बातें जीवन के प्रारंभिक वर्षों में समझ ली जाएँ तो हमारे युवकों के हृदय पर इनका अमिट प्रभाव पड़ा; यह इतना अच्छा प्रभाव बड़ी आयु में नहीं पड़ सकता।

—राष्ट्रीय शिक्षा पर भाषण (1908)
(लोकमान्य तिलक : हिज राइटिंग्स एंड स्पीचेज, पृ. 77)

* * *

बच्चा तब रोता है जब भूखा होता है। यह कहना कि बच्चा भूखा होने पर रोता है, ठीक नहीं है। यह तो माँ देखेगी कि बच्चा भूख के कारण रो रहा है या पेट-दर्द के कारण रो रहा है। कभी-कभी दी जानेवाली दवाइयाँ भी काम नहीं करतीं। इस समय हमारी दशा रोते हुए बच्चे के समान है। पहले तो आपको यह पता ही नहीं है कि आप चाहते क्या हैं और आपकी कठिनाई क्या है। जब आप कठिनाई को जान लें तभी बोलें। आप अपनी इच्छा के अनुसार कार्य करने का अधिकार नहीं रखते।

—हिस्टारिकल रिसर्च सोसाइटी में भाषण (1 मई, 1916)
(लोकमान्य तिलक : हिज राइटिंग्स एंड स्पीचेज, पृ. 109)

* * *

भगवद्गीता के आरंभ में, परस्पर-विरुद्ध दो धर्मों की उलझन में फँस जाने के कारण अर्जुन जिस तरह कर्तव्यमूढ़ हो गया था, और उस पर जो मौका आ पड़ा था, वह कुछ अपूर्व नहीं है। उन असमर्थ और अपना पेट पालनेवाले लोगों की बात ही भिन्न है, जो संन्यास लेकर और संसार को छोड़कर वन में चले जाते हैं अथवा जो कमजोरी के कारण जगत् के अनेक अन्यायों को चुपचाप सह लिया करते हैं। परंतु समाज में रहकर ही जिन महान् तथा कार्यकर्ता पुरुषों को अपने सांसारिक कर्तव्यों का पालन धर्म तथा नीतिपूर्वक करना पड़ता है, उन्हीं पर ऐसे मौके अनेक बार आया करते हैं।

—गीता-रहस्य अथवा कर्मयोगशास्त्र, पृ. 28

* * *

मराठी में एक कहावत है—घोड़ा अड़ा क्यों? पान सड़ा क्यों? और रोटी जली क्यों? इन सबका एक ही उत्तर है—पलटा न था। यदि पान को पलट दिया होता तो

सड़ता नहीं, रोटी पलट दी होती तो वह जली न होती। ऐसे ही घोड़े को पलट दिया होता तो घोड़ा अड़ियल न बनता।

—हिस्टारिकल रिसर्च सोसाइटी में भाषण (1 मई, 1916)
(लोकमान्य तिलक : हिज राइटिंग्स एंड स्पीचेज, पृ. 134)

❋ ❋ ❋

मैं केवल यह कहता हूँ कि जब हम अपना काम करने को तैयार हैं, तो हम अपना काम दूसरों को करने के लिए क्यों दें? मैं यह भी नहीं कहता कि वे बुरा काम करते हैं। हमारी रुचियों के विरुद्ध हमारे कामों पर प्रतिबंध लग जाने से हमारे मन दुर्बल होते जा रहे हैं। हमारा साहस भी पहले से घटता जा रहा है।

—लोकमान्य तिलक : हिज राइटिंग्स एंड स्पीचेज, पृ. 198

❋ ❋ ❋

यह ध्यान में रखना चाहिए, कि जब कोई दो ग्रंथों के सिद्धांत एक-से होते हैं, तब केवल इन सिद्धांतों की समानता ही के भरोसे यह निश्चय नहीं किया जा सकता कि अमुक ग्रंथ पहले रचा गया और अमुक पीछे। क्योंकि यहाँ पर दोनों बातें संभव हैं कि (1) इन दोनों ग्रंथों में से पहले ग्रंथ के विचार दूसरे ग्रंथ से लिए गए होंगे; अथवा (2) दूसरे ग्रंथ के विचार पहले से। अतएव पहले जब दोनों ग्रंथों के काल का स्वतंत्र रीति से निश्चय कर लिया जाए, तब फिर विचारसादृश्य से यह निर्णय करना चाहिए कि अमुक ग्रंथकार ने अमुक ग्रंथ से अमुक विचार लिए हैं।

—श्रीमद्भगवद्गीता रहस्य अथवा कर्मयोगशास्त्र, पृ. 587

❋ ❋ ❋

राष्ट्र-हित से संबंध रखनेवाली बातों में राज्यकर्ताओं की जमात के और उन्हीं की नौकरी करनेवाले अध्यापकों तथा आचार्यों को उपदेश देने का कोई अधिकार नहीं हो सकता। 'प्रमाणयति नो धर्मे कुमुपदेशिनीम्' इस न्याय से इनके पास सलाह लेने जाना केवल मूर्खता है।

—लोकमान्य तिलक : एक जीवनी, पृ. 130

❋ ❋ ❋

वे लोग, जो पहले हमें दास समझते थे, आज हमें भाई कहने लगे हैं। ईश्वर ही ये सब परिवर्तन लाया है। जब अंग्रेजों के मस्तिष्क में भाईचारे की भावना जाग उठे तो हमें अपनी स्वराज्य की माँग उनके सामने रख देनी चाहिए।

—नासिक सम्मेलन में होमरूल प्रस्ताव पर भाषण (1917)
(लोकमान्य तिलक : हिज राइटिंग्स एंड स्पीचेज, पृ. 275)

❋ ❋ ❋

सरकार को इंजीनियरों, डॉक्टरों और क्लर्कों की आवश्यकता थी। उसने इसीलिए ऐसे स्कूल खोले जो उसकी आवश्यकता पूरी कर सकें। इन स्कूलों से निकलनेवाले विद्यार्थियों ने पहले नौकरी ही करनी चाही। कुछ समय पहले तक स्थिति यह थी कि स्कूल से तीसरी-चौथी कक्षा उत्तीर्ण कर लेने पर ही व्यक्ति को जीविका सरलता से मिल जाती थी, परंतु अब व्यक्ति के लिए गुजारा करना भी कठिन हो गया है।

—राष्ट्रीय शिक्षा पर भाषण (1908)
(लोकमान्य तिलक : हिज राइटिंग्स एंड स्पीचेज, पृ. 70)

❊ ❊ ❊

हम ऐसी व्यवस्था चाहते हैं, जो प्रसन्नता दे सके। हमें यह व्यवस्था मिलेगी। हमारे बच्चे इसे पाएँगे। प्रयास कीजिए, प्रयास किया जाना आवश्यक है। इस कार्य को इस विचार से करने के लिए उद्यत हों कि यह अपना ही काम है। मुझे विश्वास है, ईश्वर की कृपा से आपकी अगली पीढ़ी इस कार्य के फल को प्राप्त करने से वंचित नहीं होगी, भले ही यह आपके जीवन-काल में फलीभूत न हो।

—लोकमान्य तिलक : हिज राइटिंग्स एंड स्पीचेज, पृ. 140

❊ ❊ ❊

हम समग्र व्यक्ति की चिकित्सा करना चाहते हैं, हम ऐसी चिकित्सा-व्यवस्था करना चाहते हैं, जो पहले मस्तिष्क को स्वस्थ करे और वहीं से फिर धीरे-धीरे नीचे के अंगों को शक्ति मिले।

—नासिक सम्मेलन में होमरूल प्रस्ताव पर भाषण (1918)
(लोकमान्य तिलक : हिज राइटिंग्स एंड स्पीचेज, पृ. 312-313)

□□□